Bärbel Mohr

Wie man durch inneren Reichtum mit äußerem Reichtum sinnvoll umgeht

Bärbel Mohr

Wie man durch inneren Reichtum mit äußerem Reichtum sinnvoll umgeht

für Millionäre

KOHA

2. Auflage 2008
Lektorat: Peter Herrmann, Christian Salvesen
Umschlag: HildenDesign, München
Titelfoto: © Shutterstock/Terry Chan
Gesamtherstellung: Karin Schnellbach
Druck: Bercker, Kevelaer
ISBN 978-3-86728-040-2

Prolog

Alle wollen Millionär werden, aber keiner sagt, wie man es bleibt und wie man mit Geld glücklich wird

Für eine neue Gesellschaft, die wir langsam brauchen, brauchen wir einen neuen Umgang mit Geld. Insbesondere auch von den Menschen, die am meisten davon haben und somit auch am meisten bewirken können.

Ohne inneren Reichtum wird es jedoch kaum gelingen, mit dem äußeren Reichtum zum einen verantwortungsvoll umzugehen und zum anderen so damit umzugehen, dass man sich dabei auch seelisch erfüllt fühlt. Wer seelisch erfüllt ist, investiert aber grundsätzlich ganz anders und kauft anders ein als jemand, der mit seinen Käufen versucht, seine innere Leere auszufüllen.

Ursprünglich wollte ich dieses Buch als Einkaufsratgeber für Millionäre nur in kleineren Stückzahlen drucken lassen und über meine Website verkaufen, weil ich dachte, so viele Millionäre gibt es ja nicht. Aber mein Verleger klärte mich auf: Laut »Financial Times« wird die Zahl der Millionäre in Deutschland auf derzeit 798.000 geschätzt. Bis zum Jahr 2016 erwartet das Magazin gar einen Anstieg auf 1,02 Millionen deutscher Millionäre.

Und es kommen ja noch Österreich und die Schweiz dazu. Wenn nur 10 Prozent der jetzigen deutschen Millionäre an innerem Reichtum interessiert wären, wären das schon 80.000 potenzielle Leser.

Also habe ich das Buch doch Konrad und dem Koha-Verlag überlassen. Und wir haben uns kurz vor Drucklegung entschlossen, den ursprünglichen Titel »Einkaufsratgeber für Millionäre« zu ändern in »Wie man durch inneren Reichtum mit äußerem Reichtum sinnvoll umgeht – für Millionäre«.

Bücher zum Umgang mit Geld oder wie man Millionär wird (»Der Weg zum Millionär« von Kurt Tepperwein oder »Das Gesetz des Reichwerdens« von Wallace Wattles) gibt es schon wie Sand am Meer. Alle wollen Millionär werden, aber wenn man es ist, dann ist Schluss mit Ratgebern, was nun zu tun ist. Aber mit dem Reichtum kommt nicht automatisch auch die Weisheit, wie man glücklich damit wird.

Und das Leben hat mich nun eben (siehe Einleitung) darauf gestupst, dass ich ein bisschen etwas dazu schreibe.

Ein Großteil aller Lottogewinner verliert sein Geld innerhalb kurzer Zeit wieder

Das Financial Planer Board of Standards, eine Finanzplanungsorganisation, schreibt, dass jeder dritte Lottogewinner über kurz oder lang wieder pleite geht.

Thomas Druyen, ein ehemaliger Direktor der Privatbank der Fürstenfamilie Liechtenstein hingegen meint, dass es fast 80 Prozent der Lottogewinner seien, die innerhalb von drei Jahren schlechter dastehen als vorher. Eine Steuerberaterin von mir hatte gar von über 90 Prozent gelesen.

Egal welche Zahl nun stimmt, es sind offenbar sehr viele.

Hier daher ein kleiner Zusatztipp für angehende Millionäre um solche Probleme von vorne herein zu vermeiden:

Beobachte mal deine Gefühle wenn du Geld ausgibst. Geht es dir gut dabei? Denkst du: »Liebes Geld, ich gebe dich mit Freuden in den Energiekreislauf zurück. Ich bitte dich, verbreite liebevolles Bewusstsein und ganzheitlichen Umgang mit dir bei allen, in deren Hände du gelangst. Und gerne kannst du mit vielen Brüdern und Schwestern zu mir zurückkehren.«

Wenn du etwas ganz anderes denkst, würde ich meinen Umgang mit Geld überdenken.

Wie ist es, wenn du Geld bekommst? Was denkst und fühlst du dann? Ist es etwa Folgendes: »Liebes Geld, egal ob viel, ob wenig, ich heiße dich herzlich willkommen bei mir und schenke dir hiermit all meine Liebe und gute Energie, um meinen Teil zur Heilung des Geldbewusstseins auf dem Planeten beizutragen.«

Wieder – wenn du etwas sehr viel anderes denkst, würde ich meinen Umgang mit Geld überdenken.

Aus zwei Gründen:

Erstens, wenn du schlechte Gefühle hast, jedes Mal, wenn du mit Geld zu tun hast, egal ob beim Ausgeben oder Einnehmen, dann will dein Unterbewusstsein dich automatisch vor diesem »schlechten Geld«, das dir so viel schlechte Gefühle verursacht, bewahren und hält es fern von dir!!

Das ist einer der Gründe dafür, warum sich ein großer Teil aller Lottomillionäre innerhalb weniger Jahre selbst wieder ruiniert. Ihr Unterbewusstsein geht in den Alarmzustand und will sie retten vor dem bösen Geld. Wie sollen deine unbewussten Automatismen wissen, dass du das gewonnene oder sonst wie erworbene Geld behalten willst, wenn du dauernd schlechte Gefühle damit verbindest?!

Und zweitens: Wenn du schlechte Gefühle beim Geld Ausgeben und Geld Einnehmen hast, dann gibst du jedem Geld, das durch deine Hände und über dein Konto fließt, auch schlechte Energie mit. Dann bist du energetisch mit daran beteiligt, wenn die Welt nicht lernt, Geld sinnvoll und zum Wohle aller einzusetzen. Denn genügend gute Beispiele hätten wir ja schon (ich denke da nur an Yunus von der Grameen-Bank und an Götz Werner mit seinen Vorschlägen zum Grundeinkommen für alle).

Wie alle meine Bücher habe ich auch dieses Buch in der Du-Form geschrieben. Sollten wir uns irgendwo zufällig begegnen, gilt dasselbe wie immer bei mir: Ich bin einverstanden mit dem *Du*. Wenn Ihnen aber die Sie-Form bei fremden Menschen wie mir angenehmer ist, dann wählen Sie einfach diese und ich bin genauso einverstanden damit.

Viel Freude beim Lesen wünscht
dir/Ihnen
Bärbel Mohr

Inhalt

Einleitung

Mir wurde als Kind beigebracht, dass Bücher etwas Wertvolles sind und dass man deshalb nicht darin herumkritzelt. Ich hab mich nie dran gehalten, denn für mich sind Bücher Arbeitsbücher und ich male mit besonderer Freude bunt darin herum und markiere mir die Dinge, die mir besonders gut gefallen und die ich mir merken möchte.

Dazu möchte ich auch dich einladen. Streich so viel an wie du magst, damit du es hinterher leicht wieder findest. Denn möglicherweise möchtest du ja das eine oder andere davon umsetzen, anwenden und ausprobieren. Dazu ist es gut, wenn du die betreffenden Stellen leicht wieder findest.

Wie dieser Ratgeber entstanden ist

Es war eigentlich nur als Scherz gedacht, als Michael, ein Heilpraktiker, während unseres jährlich stattfindenden Weihnachtssingens sagte: »Schreib doch einen Einkaufsratgeber für Millionäre!«

Wir waren vier Ehepaare und sangen im Haus eines Ärztepaares, das einen wunderbaren Flügel und eine hervorragende Orgel besitzt, in den höchsten Tönen alle unsere Lieblingsweihnachtslieder. Zum Teil mit Umdichtungen der Texte, wenn sie uns nicht mehr so ganz zeitgemäß erschienen.

Irgendwann war Gesangspause und wir kamen ins Gespräch über Gott und die Welt. Wir kamen vom Hundertsten ins Tausendste und streiften irgendwann auch Geschichten über zwei Milliardäre, die angeblich trotz oder vielleicht auch wegen ihres ganzen Geldes mehr frustriert als sonst etwas waren. Sie hätten einen Teil ihres Geldes gerne sinnvoll eingesetzt, wussten aber eigentlich nicht so recht, was sie denn für wirklich sinnvoll halten sollten.

Das war der Moment, in dem Michael zu mir sagte, ich solle doch einen Einkaufsratgeber für Millionäre schreiben.

»Nette Idee. Aber weißt du, ich habe einen Ordner mit zirka 50 tollen Ideen. Ich kann unmöglich zu allem, was mir so einfällt oder was an Ideen so auftaucht, ein Buch schreiben. Wenn in der Idee wirklich Energie steckt, dann wird es stattfinden, sonst nicht. Und ehrlich gesagt, ich glaube, das wird eher nichts.« Das war mein erster Eindruck und alle nickten verständnisvoll.

In den nächsten Wochen geschah etwas Merkwürdiges. Fast alle meine Freunde schienen plötzlich Multimillionäre und Milliardäre kennen zu lernen – mit den seltsamsten Geschichten – und einige lernte ich auch persönlich kennen. Mindestens die Hälfte von denen, die auf diese Weise in meinem Umfeld auftauchten, hatten die gleichen Probleme: Sie hatten Mühe mit dem Neid anderer, waren sich nie sicher, wer ein wirklicher Freund und wer nur ein Freund ihres Geldes ist. Sie identifizierten sich vollständig über ihr Tun und ihren Reichtum und fühlten sich innerlich leer und zerrissen bei der bloßen Vorstellung, mal eine Weile Ruhe und Stille ohne Ziel zu erleben –, obwohl sie sich andererseits genau danach sehnten! Und gesund waren sie auch fast alle nicht.

Es war, als würden sich die Energien um diesen Einkaufsratgeber bereits verdichten.

Soros – vorwärts und rückwärts

Gleich nach dem Weihnachtssingen schickte mir beispielsweise jemand einen Artikel über George Soros (Multimilliardär durch Börsengeschäfte). Von dem habe ich immer wieder mal etwas gelesen. Es kommt mir häufig so vor, als würde er sagen: »Kinder, nehmt euer Geld aus der Börse raus, das ist alles Schwachsinn – sonst nehme ich es mir.« Die Leute nehmen es nicht raus, er nimmt es sich und alle schimpfen auf ihn.

Für Verschwörungstheoretiker ist er natürlich der Inbegriff des Bösen. Wie kann man nur die britische Nationalbank zur Abwertung des britischen Pfundes zwingen und dann selbst zig Millionen dran verdienen! Böse, böse und überhaupt ganz böse. Und das war ja auch nur der Gipfel einer unendlichen Reihe von Missetaten.

Heerscharen von Menschen schreiben und referieren darüber, wie krank das System ist und einer demonstriert es uns. Ein bisschen ist es so, als würde er der Welt einen supergroßen Spiegel direkt unter die Nase halten. Die Welt hat die Wahl, aus dem wild gewordenen Spiegelbild etwas zu lernen oder nichts zu lernen – und George Soros verdient weiter daran! Braucht die Welt nicht auch irgendwie solche überdeutlichen Spiegel? Wir merken doch sonst gar nicht, wie grotesk das System ist. Einer muss es doch demonstrieren!

Ich persönlich würde den Posten zwar nicht haben wollen, aber ich finde in mir kein Gefühl, das seine Aktivitäten einfach nur eindeutig verurteilen kann. Man kann sie zu sehr so oder so sehen, so wie auch seinen Namen, der vorwärts genauso richtig ist wie rückwärts gelesen.

Und irgendwas macht er wohl richtig, denn er ist 76 Jahre alt und wirkt sogar recht zufrieden dabei! Ganz im Gegensatz zu einigen anderen Multimillionären, die nach diesem Weihnachtssingen anfingen, in meinem Umfeld aufzutauchen.

Die Millionärskrankheit

Kurz nach Silvester erzählte mir ein Freund, dass der superreiche Freund seines Freundes an Frust verstorben sei. Er hätte es einfach nicht mehr ertragen, dass jeder Mensch, der ihm begegnete, nur eines im Sinn hatte, nämlich in irgendeiner Form an seinen Millionen mitzuverdienen, ihn anzuzapfen oder Ähnliches.

Als die Ärzte ihm sagten, er habe nur noch ein Jahr zu leben, wurde es gar noch schlimmer: Die Erben waren hoch entzückt und rieben sich schon die Hände. Er konnte es überdeutlich spüren und nicht mehr ertragen. Er wartete das Jahr nicht mehr ab, sondern starb gleich – zur Freude der Erben. Mal sehen, wie lange die gesund bleiben! Hoffen wir das Beste.

Sein ebenfalls gut betuchter guter Freund war so erschrocken darüber, dass er anfing, sein gesamtes Firmenimperium aufzulösen, um neue Wege für sich zu finden. Er wollte schlicht nicht genauso enden! Denn das düstere Lebensgefühl und den Frust seines Freundes kannte er von sich selbst auch.

Diese Geschichte wiederholte sich in den folgenden Wochen mehrfach ganz ähnlich in meinem Umfeld. Ich konnte es nicht fassen. Und: Das Geld alleine kann es nicht sein, was krank macht. Offenbar gibt es etwas Wichtiges, das man wissen muss, wenn man mit viel Geld glücklich sein will.

Gratuliere Oprah

Oprah Winfrey, wohl die berühmteste Talkshowmoderatorin der USA, hat für zirka 30 Millionen Euro ein Luxusinternat für arme Mädchen in Südafrika gebaut, berichten die Medien. Und was tut die Welt? Sie meckert! Zu viel Luxus für arme Mädchen. Es gibt ein Wellness-Center, einen Yogaraum und was nicht alles. Schon die Architekten vor Ort brauchten lange, um zu begreifen, was Oprah wollte. Sie versuchten es zunächst immer wieder mit hühnerstallähnlichen Entwürfen, die allerdings nicht die Gnade der Chefin fanden.

Für mich fühlt sich das genau richtig an. Sie will die Mädchen zu Führungskräften ausbilden, die in der Lage sind, später neue sichtbare Akzente für ihr Land zu setzen. Wenn die ihre Ausbildung im Hühnerstall machen und ihre Minderwertigkeitskomplexe gegenüber der »großen Welt«, die sie später ändern sollen, behalten, wie soll das etwas werden?

Oprah scheint mir ein gutes Beispiel einer Millionärin zu sein, die es richtig macht. Sie braucht meinen Einkaufsratgeber vermutlich nicht. Es klingt, als ginge sie mit Freude, persönlichem Stil, positiven Visionen und fröhlichem Einsatz ans Geld ausgeben. Sie hat die 500 Endbewerberinnen (aus 3500 insgesamt) für die Schule alle selbst angeguckt und 150 daraus ausgewählt. Und die Schule sieht so aus wie es ihr gefällt, keine Kompromisse. So berichten es zumindest die Medien.

Wusstest du übrigens, dass soziales Engagement, in Freude ausgeführt – egal ob man arm oder reich oder irgendwas dazwischen ist – gesünder macht? Es stärkt das Immunsystem, wenn man etwas Positives zum Ganzen beiträgt. Und dieses Gefühl übersetzt sich physiologisch direkt in eine stabilere Gesundheit!

Tut man es allerdings des guten Rufes wegen, lustlos oder um sich von sich selbst abzulenken, dann macht es eher kränker als gesünder.

Porsche und Telefonistinnen

Heute ist der 4.1.2007, das nur so nebenbei. Das Weihnachtssingen ist noch nicht lange her. Trotzdem sind seither zirka 15 weitere Millionäre aufgetaucht. Einer davon hatte vor Jahren das tollste Gefühl seines Lebens, als er zum Probe fahren in einen Porsche einstieg und wusste, dass er diesen gleich kaufen wird. Diese Kraft unter der Haube, so schnittig, so sportlich! Und er war seiner, hach, wie schön!

Das gute Gefühl hielt genau drei Tage lang an, dann war es verpufft. Der schöne Porsche ist gefühlsmäßig wieder nur ein Fortbewegungsmittel wie jedes andere Auto auch. Und sein Besitzer steht ratlos im Leben und schaut sich danach um, wo er das schöne Gefühl wieder herbekommen könnte. Ich hätte ihm gerne ein Glücksseminar verordnet. [1]

1 Empfehlungen zu Glücksseminaren und Ähnlichem auf meiner Website **www.baerbelmohr.de** unter »Wunschprojekte«.

Was lief gerade im Fernsehen? Ein Fernsehfilm über einen Millionär, der seine langjährige Freundin wegen einer Telefonistin verließ. Er war so glücklich mit ihr, dass er sie zur Alleinerbin machte. Kurz darauf verstarb er.

Das erzählte mir ein Freund am Telefon, als es an der Tür klingelte und eine Freundin mir vom nächsten Millionär berichtete, der sein Geld einsetzt, um Drogensüchtige zu retten und ihnen den Ausstieg zu ermöglichen. Im Gegensatz zu seinen sonstigen geschäftlichen Aktivitäten beflügelt ihn dies ungeheuer.

Dann klingelte wieder das Telefon und der Freund von vorher war wieder dran. Wann mein Einkaufsratgeber für Milliardäre denn fertig sei. Er habe da noch so einen Freund mit zig Häusern auf der ganzen Welt. Den würde nichts mehr freuen und er sei todunglücklich. Es sei aber ein total netter Typ und er würde ihm gerne mein Buch schenken!

»Hhhm, mal sehen, ich sag es dir, wenn es was wird.«

Nächster Tag, nächster Anruf. »Sag mal, diesen Einkaufsratgeber für die Multimillionäre, schreibst du den jetzt wirklich? Ich bräuchte ihn dringend für zirka zehn meiner Kunden.«

»Mach Sachen, na gut, ich schreib mal ein bisschen, morgen.«

Nix war es mit morgen. Ich lag die ganze Nacht wach und meine Gedanken kreisten um meine Erfahrungen aus dem Showbusiness von früher und darum, was Millionäre mit Popstars gemeinsam haben. Denn auch als ich vor 20 Jahren beim Fußvolk des Showbiz tätig war fiel mir schon auf, dass es glückliche Superstars gibt und kreuzunglückliche. Und es war sehr offensichtlich, was die einen falsch und die anderen richtig machten.

Erst machte ich immer wieder das Licht an und machte Notizen. Schließlich stach mich der Hafer so gewaltig, dass ich mitten in der Nacht aufstand und die ersten 10 Seiten für den Ratgeber schrieb! Und dann war es irgendwie klar, dass ich den Rest auch noch schreiben würde.

Am nächsten Morgen klingelte das Telefon wieder und ein anderer Freund tat mir kund, dass wiederum ein Freund von ihm Interesse hätte, den »Einkaufsratgeber für Millionäre« in Amerika zu vertreiben. Was sollte ich da tun? Es wurde offenbar wirklich Zeit, weiter zu schreiben.

Um ganz sicher zu gehen, ließ das Leben noch eine Millionärin bei mir anrufen, die sich zum Brainstorming mit mir treffen wollte, weil sie einen Millionenbetrag in ein Kinderprojekt stecken wollte. Nie zuvor hatte ich so eine Anfrage bekommen!

Auch sie war nicht der letzte überraschende Anruf, aber ich denke die Beispiele reichen, denn auch mir reichte es.

Mir war klar, wieso auch immer, in diesem Projekt steckt mehr als genug Energie und ich schreibe so schnell ich kann! Egal ob es dann für 30 Leute ist oder für 100, die es lesen werden. Ich vertraue dem Universum und darauf, dass es weiß, warum es das tut. Außerdem habe ich einen Riesenspaß an diesem Projekt. Wen interessiert es da, wie viele das hinterher lesen.

Jeder Millionär regiert ein bisschen die Welt mit, ob er will oder nicht

Multimillionäre und Milliardäre regieren immer ein bisschen die Welt mit, ob sie wollen oder nicht. Das scheint – mir zumindest – simple Logik zu sein. Aus verschiedenen Gründen.

Nehmen wir einen durchschnittlichen Politiker mit seinen im Vergleich zum Industrielleneinkommen minimalen Diäten, die ihm der Großteil der Bürger dennoch nicht gönnt.

Vor ein paar Jahren habe ich einen Herrn kennen gelernt, der in jüngeren Jahren einmal 17 Millionen verdient hatte. Das sei ihm damals relativ einfach vorgekommen, erzählte er mir. Als er erst mal im Fluss war, schien das Geld von alleine zu kommen. Dann verkaufte er das Unternehmen für viel Geld und es besteht übrigens bis heute sehr erfolgreich fort. Nun übergab er das Geld verschiedenen Geldanlegern und, dreimal darfst du raten, er ist heute komplett bankrott! Egal wie oft er die Anleger wechselte, jeder kostete ihn ein paar Millionen. Bevor er realisierte, dass er auch in Sachen Geld anlegen die Verantwortung nicht einfach an so genannte Experten abgeben kann, war schon alles futsch.

Ich habe früher genau diese Erfahrung mehrfach gemacht. Allerdings immer nur im Rahmen meines persönlichen »Spielgeldes«, so dass die Verluste zwar ärgerlich, aber nie dramatisch waren.

Je mehr ich verdiene, desto mehr merke ich, wie das Geld mich regelrecht nötigt, etwas über den Umgang mit ihm dazuzulernen. Sonst verlässt es mich wieder. Ich verstehe auch schon längst, warum so viele TV-Moderatoren Werbung für die sonderbarsten Dinge machen und sich nicht albern dabei vorkommen: Die möchten endlich mal so viel Geld verdienen wie alle denken, dass sie es schon hätten. ☺

Ich bin inzwischen davon überzeugt, dass Geld zu verwalten besondere Fähigkeiten und ein sehr strukturiertes und klares Denken erfordert. Egal was man mit dem Geld macht, Gutes oder Schlechtes. Man muss es können, sonst ist man es – ratzfatz – wieder los. Man kann es lernen, klar, aber es ist den wenigsten angeboren.

Da erzähle ich dir sicher nichts Neues. Eine Steuerberaterin berichtete mir einmal, dass 98 Prozent aller Leute, die plötzlich reich werden (Erbschaft, Gewinn, sehr plötzlicher Unternehmenserfolg), innerhalb eines Jahres wieder pleite sind und weniger haben als zuvor. Viele sind nach dem Jahr sogar hoch verschuldet. Das Problem war jeweils, dass sie zu schnell reich geworden sind und nicht genug Zeit hatten, den Umgang mit dem Reichtum zu erlernen.

Nun hat ein Land zu regieren offensichtlich auch etwas damit zu tun, große Geldbeträge zu verwalten. Und zwar weit größere Beträge, als man je gelernt hat, privat zu verwalten.

Aha! Und da kommen wir an den kritischen Punkt. Wenn man 98 Prozent aller Politiker die Milliarden, die sie an Regierungsgeldern verwalten, auf ihr Privatkonto überweisen würde, wären sie vermutlich genauso wie alle anderen innerhalb eines Jahres auch wieder pleite! Warum? Weil sie Menschen wie alle anderen sind und es genauso wenig von alleine können.

Nun werden sie aber in eine verantwortungsvolle Position gewählt und müssen von Berufs wegen mit diesen Geldsummen umgehen. Es gibt, auch in der Politik, immer wieder geniale Köpfe, die durchaus damit umgehen können, aber bei denen besteht dann immer noch die Gefahr, dass sie am System scheitern.

Allerdings besteht die Welt so oder so aus vielen Puzzlesteinen und marode Finanzsysteme halte ich persönlich eher für ein Symptom als für die Krankheit selbst. Ich habe mich daher nie viel mit den Details des Symptoms befasst. Die Krankheit sehe ich vielmehr darin, herausgefallen zu sein aus der Einheit allen Seins (siehe Kapitel »Das Außen im Innen transformieren«).

Wenn die Menschheit das Bewusstsein für ihre wahre Einheit erlangen würde, würden sich die meisten Probleme, die nichts anderes als Symptome der Illusion der Trennung sind, von alleine lösen – ohne dass man groß gegen sie kämpfen müsste.

Wer nun aber kann mit solchen Summen umgehen? Na ja, du als Millionär/Millionärin offenbar, denn sonst wärst du kein solcher/keine solche. Ganz offenbar hast du dir eine gewisse Struktur und Klarheit im Denken und die Fähigkeit, den Überblick auch über gigantische Beträge zu behalten, bereits angeeignet.

Wenn ich neureiche Milliardärin wäre (für das Projekt würde eine einzelne Million nicht mehr ausreichen), würde ich vermutlich – ähnlich dem Modell der Grameen-Bank[2] in Bangladesh – Schulungen zum Umgang mit Geld für alle spenden, deren Kenntnisse auf diesem Gebiet wichtig für die Gesellschaft sind. Ich habe Muhammad Yunus, den Gründer und Inhaber der Grameen-Bank, im Jahr 2000 in seiner Bank in Bangladesh zu einem Videointerview besucht. Als er 2006 den Friedensnobelpreis bekam, hat mich das sehr gefreut!

Er jedenfalls vergibt Kredite nur unter der Bedingung, dass die Leute vorher an einer Schulung zum Umgang mit Geld teilnehmen. Die Rückzahlungsquote von 98,82 Prozent (Stand 12/2006; siehe **www.GrameenFoundation.org**) gibt ihm Recht!

Die Industriebank von Bangladesh hat laut Yunus übrigens nur

2 Auf meiner Homepage steht ein Artikel über die Grameen-Bank im kostenlosen Online-Magazin, falls dich Details interessieren. Muhammad Yunus macht inzwischen Milliardenumsätze und ist ein reizender, in sich ruhender, kreativer Mensch.

eine Rückzahlungsquote von 10 Prozent! Yunus weigert sich, weiter *Bank* dazu zu sagen. Er nennt es »Charity-for-the-rich-institut« – ein Wohlfahrtsunternehmen für Reiche. Nach seinem Erfolgsrezept befragt sagt Yunus:

»Ich habe mir angesehen, was die normalen Banken machen und habe in allen Punkten das Gegenteil gemacht.«

Und damit zurück zum eigentlichen Thema dieses Kapitels: Millionäre regieren immer ein bisschen die Welt, auch die, die es eigentlich gar nicht wollen. Fassen wir zusammen:

- Millionäre sind in der Lage, Milliarden oder Millionen zu verwalten, was ansonsten fast keiner kann.
- Sie haben die Struktur, Klarheit und den Überblick, mit solchen Beträgen umzugehen, ohne sich total zu verzetteln. Das beherrscht nur ein winziger Bruchteil von Menschen!
- Und sie machen – überwiegend – mit dem Geld, was sie wollen und nicht umgekehrt. Wäre es anders, wären sie schnell wieder pleite, wie die meisten anderen Menschen auch.

Angeblich gehören 98 Prozent des Kapitals der Welt nur 2 Prozent der Menschen (die Zahlen, die man hierzu liest, variieren nur kaum). Das ist wie bei den Lottogewinnern. Da scheinen es auch nur um die 2 Prozent zu sein, die spontan in der Lage sind, sinnvoll mit einem Millionengewinn umzugehen.

So oder so, wenn du zu den 2 Prozent gehörst, die 98 Prozent des Weltkapitals unter sich aufteilen, dann gibst du mit allem, was du tust und wie du investierst, der Welt ein Stück weit deine Färbung. Und zwar manchmal sogar mehr als jeder Politiker.

Millionäre und Großkonzernchefs werden jedenfalls in der Regel nicht alle vier Jahre neu gewählt und haben sicher auch wenig Interesse, alle vier Jahre beruflich neu anzufangen, so wie viele Politiker das zwangsläufig tun. Du als Millionär überdauerst deine Stellung in der Wirtschaft im Vergleich zu einem Politiker weitaus länger.

Simple Logik, dass deine Entscheidungen dauerhaftere Spuren auf dem Weltmarkt hinterlassen als die vieler Politiker. Wobei bei der

Besetzung der politischen Posten ja eventuell der eine oder andere von euch mehr die Finger im Spiel hat, als man gemeinhin so ahnt …

Darf ich in dem Fall einen Wunsch äußern? Ich hätte gerne Hape Kerkeling als nächsten deutschen Kanzler und mit ihm etwas mehr Humor in der deutschen Politik! (Keine Sorge, das ist ein Scherzlein, der Hape würde mir vermutlich ins Gesicht springen, wenn er das lesen würde.)

So oder so, ob ihr nun in der Politik mitmischt oder nicht: Mich interessiert mehr die Einheit aller Menschen und der Aspekt, dass die Masse der Nicht-Millionäre auch alle Millionäre beeinflusst und umgekehrt. Kein Mensch, Unmensch, Marsmännchen oder sonst wer könnte Geld mit Fastfood geringer Qualität verdienen, wenn keiner es kaufen und essen würde. Insofern habe ich als Verbraucher einen Miteinfluss darauf und eine Mitverantwortung, womit Geld verdient wird.

Ein letztes Mal zurück zu jenen Millionären, die bemerken, dass sie die Welt irgendwie mitregieren und die es satt haben. Wie schon zu Beginn erwähnt, tauchten gleich nach unserem Weihnachtssingen mehrere Menschen in meinem Umfeld auf, die genau wegen dieser Millionen schwer krank oder zumindest frustriert bis hin zu schwer depressiv sind und sich zum Teil mit der Verantwortung überfordert fühlen. Und zwei oder drei starben angeblich ja sogar daran.

Egal, wem jeder von ihnen wann und wo begegnet war. Jeder der hörte, er habe es mit dem sagenhaften Dagobert Duck (Name von der Redaktion geändert) zu tun, riss mindestens innerlich die Augen auf und schon fing es an zu rattern im Hirn: Wie könnte ich ihn anzapfen und ein bisschen mitverdienen an den Millionen? Wer er als Mensch war, das war nur noch aus einem Blickwinkel interessant, nämlich dem Anzapf-Aspekt: Welche Technik wirkt bei diesem Millionär am besten, um mitzuverdienen? Ehrlich gesagt, diese traurigen Millionäre litten am Popstar-Syndrom, und das ist grundsätzlich durchaus heilbar.

Das Popstar-Syndrom unter Millionären

Großindustrielle und sonstige Millionäre können auch unter dem »Popstar-Syndrom« leiden. Das wurde mir klar, als ich von den ersten fünf Millionären hörte, die krank und frustriert waren, weil sie es nicht mehr aushielten, dass alle nur an ihnen mitverdienen wollten. Bei Popstars ist es ein bisschen anders, aber die Kur funktioniert ganz genau gleich.

Mit Anfang 20 hatte ich anderthalb Jahre lang einen Freund, der Popstar-Fotograf war. Irgendwann avancierte ich zur Fotoassistentin und lernte – nicht zuletzt durch das Fotostudio, das wir im Wohnzimmer hatten – viele Stars der späten Achtziger kennen. Die hatten ein ganz ähnliches Problem wie die vielen Millionäre.

Niemand, aber schon gar niemand, interessiert sich dafür, welcher Mensch hinter dem Popstar steckt. Entweder die Leute schleimen sie an, weil sie sie beruflich brauchen oder weil sie zu Hause damit angeben wollen, ein paar Worte mit ihnen gesprochen zu haben. Noch schlimmer ist es nur, wenn es sich um schwer verliebte Fans handelt.

Jetzt könntest du – als Millionär – sagen: »Jaaa, die Fans, die sind wenigstens echt verliebt. Bei uns tun sie nur alle so wegen der Abfindung nach der Scheidung.« Aber das stimmt nicht ganz. Die Fans sind zwar echt verliebt, aber nur in das *Bild* von der Person, das sie sich in ihren Träumen gemacht haben. Die Realität ist immer ganz anders. Doch die will erst gar keiner wissen. Und genau das verursacht den Frust.

Ich erinnere mich an eine sehr bekannte Band, die ich bisher nur vom Foto kannte und der wir für eine Fotosession auf ihrer Tour hinterher gereist sind. Den Fotos in den Magazinen nach hatte ich den Star der Band (natürlich der Sänger) als arrogant, wortkarg, unterkühlt und vollgepumpt mit Drogen eingeschätzt. Ich fand, er sah so aus.

Mich hat es fast rückwärts umgehauen, als ich ihn kennen lernte. Der Typ war bei den Pfadfindern, erzählte den Kids nach dem Konzert, dass er jetzt ins Hotel müsse, weil er seine heiße Milch und viel Schlaf bräuchte, um fürs nächste Konzert am nächsten Tag fit zu sein. Und reden konnte er ohne Punkt und Komma stundenlang und in Spitzengeschwindigkeit. Ich hatte nie zuvor einen Mann getroffen, der eine derartige Quasselstrippe war. Bis dahin kannte ich das höchstens von einigen wenigen Frauen. Und er war keineswegs schwul, das nur so nebenbei. Dem sagte übrigens auch niemand die Wahrheit, wenn keiner mehr zuhören wollte. Auf jeden Fall aber war ich damals wirklich platt, wie völlig daneben ich mit meiner Einschätzung gelegen hatte.

Und genauso wird es den meisten Fans gehen. Die kennen die Stimme und die Fotos und verlieben sich in eine Illusion. Davon, dass sie den wirklichen Menschen kennen und dann lieben gelernt haben, kann ja keine Rede sein. Somit ist dieses Verliebtsein auch nicht viel mehr wert, als das Hoffen auf hohe Scheidungsabfindungen, oder?

Ich beobachtete damals fasziniert, dass man die Stars ganz deutlich in zwei Kategorien unterteilen konnte: Durchgeknallt mit Starallüren (fängt an zu heulen, wenn 15 Minuten lang keiner nach einem Autogramm fragt) oder erstaunlich bodenständig und menschlich auffallend angenehm und normal. Ich war so fasziniert, dass ich sogar eine Erzählung für Jugendliche mit dem Titel »Max und Leander, die Superstars« dazu geschrieben habe. Jahre später ist sie dann auch als Kinderbuch erschienen.

Die Stars der Gruppe zwei hatten offenbar etwas kapiert, das bei Gruppe eins noch nicht durchgesickert war. Wenn Gruppe eins einem Fan begegnete, dann hätte ich meist in Grund und Boden versinken können, so unangenehm war mir das anbetende Verhalten des Fans und die Reaktionen der Stars meist ebenso. Bei solchen Stars ist ein starker Mangel an echtem Selbstwert zu vermuten.

Nun gibt es unter den Popstars auch solche, die offenbar kein Problem mit ihrem Selbstwert haben. Die gehen ganz anders mit Fans um. Gerade wenn die Fans ansetzen ohnmächtig zu werden, dann reagieren sie so, dass selbige Fans das Umfallen unterbrechen, sich wieder normal hinstellen und normale Dinge reden. Danach kratzen sie sich am Kopf und fragen sich, was jetzt passiert ist. Irgendwie war alles ganz anders als gedacht. Der Halbgott oder die Halbgöttin hatte sich selbst als normaler Mensch geoutet und die Anhimmlungsenergie hatte sich verflüchtigt.

Auch ich durfte diesen menschlichen Mechanismus kennen lernen. Ganz zu Beginn meiner Autorentätigkeit, als ich gerade erst anfing, Vorträge zu halten und als noch nicht mehr als 30 bis 50 Leute kamen, fühlte ich mich bereits entfremdet von meinen Zuhörern. Sie kamen nach den Vorträgen mit der schon erwähnten leicht unterwürfigen Haltung nach vorne und stellten ihre Fragen. Sie taten da so, als stünde ich mit meiner Weisheit meilenweit über ihnen. Mal abgesehen davon, dass das nicht stimmt, fühlte ich mich furchtbar unwohl damit.

Mir war das Leben gnädig. Es schickte mir ganz bald eine Unternehmerin vorbei, die mir riet, ich solle mein Publikum lieben, wenn ich rede. Das würden die immer spüren und hinterher ganz anders auf mich zugehen. Und seit der Entdeckung der Spiegelneuronen[3] können wir auch erklären, wie sie es spüren.

Kurz gesagt können die Gehirnforscher seit einiger Zeit genau beobachten, welche Nervenzellen im Gehirn bei welchen Handlungen oder Gefühlen angesprochen und aktiv werden. Und sie

3 Wenn du Details über Spiegelneuronen erfahren willst, lies »Warum ich fühle, was du fühlst« von Joachim Bauer, einem Freiburger Professor für Psychoimmunologie.

haben beobachtet, dass unser Gehirn alle Handlungen und Gefühle simuliert, die es bei einem anderen Menschen beobachtet.

Dazu kommt, dass nur etwa 7 Prozent unserer Kommunikation auf Worten beruhen. 93 Prozent beruhen auf Tonfall, Mimik, Körpersprache und eben den Spiegelneuronen. Das heißt, wenn ich super fröhlich tue, aber gerade sehr traurig bin, dann würden in den meisten Fällen die Spiegelneuronen der Menschen, denen ich begegne, diese Traurigkeit spiegeln und diejenigen hätten so eine Art warnendes Gefühl, dass da irgendwas faul ist.

Das Gleiche passiert auch zwischen Referent und Publikum. Solange ich mich selbst unter Leistungsdruck setzte und um jeden Preis perfekte Vorträge halten wollte, reagierten die Leute distanziert auf mich. Sobald ich mich bei den Vorträgen auf die Liebe konzentrierte, änderte sich alles.

»Wie konzentriert man sich denn auf die Liebe zu Leuten, die man nur aus der Ferne sieht und zudem überhaupt nicht kennt?«, könntest du dich fragen. Ich bin sicher, du wirst deine eigene Technik entwickeln, wenn du möchtest. Wenn du unkreativ wärst, wärst du auch zu unkreativ, um Millionär geworden zu sein oder um es zu bleiben.

Lediglich zur Inspiration erzähle ich dir daher, was ich mir ausgedacht habe: Ich stelle mir vor, vor mir säßen meine besten Freunde und wir befänden uns in keinem Vortragssaal, sondern bei mir daheim im Wohnzimmer. Und ich erzähle einfach nur, was mich gerade interessiert und was ich spannend finde und das teile ich mit meinen besten Freunden.

Vor mir saßen also ab diesem Tipp, den ich damals erhielt, beispielsweise 300 Ingrids und 200 Manfreds. Und das wunderbare Resultat: Die, die jetzt nach vorne kamen, um weitere Fragen zu stellen, redeten mit mir, als wären wir zusammen zur Schule gegangen. Sie hatten einen lockeren und völlig natürlichen Umgangston und alles Steife oder Befangene war verschwunden! Genau das, vermute ich, hat die Kategorie zwei unter den Popstars entdeckt und genau diese »Waffe« kannst du ebenso einsetzen.

Wann immer ein neuer Mensch auf dich zukommt, öffne – heimlich, du musst ja kein Schild hochhalten, das alle darüber informiert – dein Herz für denjenigen. Versuch die Schönheit der Seele des anderen in seinen Augen und in seiner Erscheinung zu sehen und kreiere die Absicht, die Einheit zwischen dir und dem anderen zu fühlen!

Welche Einheit? Auf subatomarer Ebene ist alles eins, lehrt die Quantenphysik. (Mehr Infos dazu auf meiner Homepage, siehe Anhang.) Auf subatomarer Ebene kann man nicht erkennen, wo die Luft, die du atmest, beginnt und wo du aufhörst oder umgekehrt. Man kann nicht erkennen, welches noch ein Luftatom ist und welches schon ein Atom deiner Lunge.

Alles fließt ineinander und alles beeinflusst sich gegenseitig. Das passiert auf der Schwingungs- oder Frequenzebene, auf der Spiegelneuronenebene, energetisch. Wenn du dich mit anderen verbunden fühlst, bist du im Gefühl der Einheit. Und das strahlst du aus! Die Spiegelneuronen werden aktiviert und dein Gegenüber spürt ganz genau, da steht ein Mensch, der hat sein Herz für mich geöffnet, der fühlt sich verbunden mit mir als Mensch.

Verlass dich drauf, dass die meisten Menschen weniger Konzentrationskraft haben als du und dass sie sich nur allzu gerne anstecken lassen von dem Grundgefühl, das du damit vorgibst. Selbst wenn jemand geplant hat, dich um Geld anzubaggern: Dieses Vorhaben schwindet dahin in dem Moment, wo sich der Betreffende auf der Herz-Verbundenheits-Ebene berührt fühlt.

Angenommen es ist umgekehrt, und der andere hat dich geortet, bevor du dir dessen bewusst bist. Er kommt mit einer inneren Haltung und deutlichen Absicht von »dem/der-schwatz-ich-ein-Ohr-ab-und-dann-zapf-ich-ihn/sie-an« auf dich zu. Du drehst dich überrascht um ...

Wer entscheidet nun über die Stimmung zwischen euch beiden? Wer beweist in diesem Moment den stärkeren Charakter?

Wer ist in dieser Situation bewusster und ruht stabiler in sich selbst?

Wenn es der andere wäre, hätte er es dann nötig, dich anzugraben? Nein. Bleibst nur du übrig. Also verfahre wie eben: Herz öffnen, Schönheit im anderen sehen, Verständnis hochfahren. Wer weiß, was du tätest, wenn du jung, ehrgeizig und noch mittellos einem Millionär gegenüberstündest. Ich habe schon deutsche Schlagerstars schlimmer als alle Fans hysterisch hinter internationalen Stars herjagen sehen. Und kurz zuvor haben sie noch gejammert, wie zuwider ihnen ein solches Verhalten sei. *Übernimm das Gespräch und führe es auf eine Ebene der menschlichen Verbundenheit.*

Der ist durch mit Anzapfen, und wenn er es doch noch versucht, dann vermutlich so, dass ihr beide lachen müsst. Dann kannst du dich immer noch in der Kunst des liebevollen Neinsagens üben. Wenn du das dann perfektioniert hast, kannst du mir gerne ein paar Tipps zukommen lassen, denn daran übe ich selbst noch. Vor allem am *Nein* zu Vortragsanfragen. Ich habe zirka 50 Mal mehr Anfragen als Zeit und bin noch nicht ganz klar damit, Nein zu sagen, ohne mich schlecht zu fühlen dabei.

Wenn die Leute vor mir stehen, ist es aufgrund der »Herz-auf-und-Co-Technik« meist kein Problem, aber ich sage ja in der Regel schriftlich ab und bilde mir immer ein, dass die reihenweise sauer auf mich sein werden. Ich denke, es geht in dem Fall mehr um den Umgang mit mir selbst als mit anderen.

Noch ein letzter Tipp zum Popstar-Syndrom: Ich erinnere mich, dass ich mich einmal mit einem singalesischen Freund im Eine-Welt-Café treffen wollte. An der Eingangstür stand ein dunkelhäutiger Mann und schaute mich höchst verbittert und grimmig an. Ich traute mich kaum zur Tür hinein, aber ich war ja schließlich drinnen verabredet.

Als er merkte, ich will ins Eine-Welt-Café, änderte sich der Gesichtsausdruck schlagartig. Freudig überrascht sprang er zur Seite und öffnete mir mit Honigkuchenpferdgesicht die Tür. Es sah ganz so aus als hätte er gedacht, ich sei bestimmt eine von den bösen Passantinnen, die schlecht über dieses Café und alle seine Gäste denken.

Warum man sich irgendwie anders behandelt fühlt, ob man sich »zu weit oben« oder »zu weit unten« in der Gesellschaftshierarchie wähnt, ist schlussendlich egal. Gleich bleibt, dass man in einem gewissen Verfolgungswahn auch anfangen kann, Gespenster zu sehen und damit Leute zu vergraulen, die möglicherweise supernett gewesen wären. Und möglicherweise war man selbst derjenige, der sie mit dem »Ich-weiß-du-bist-böse-Blick« verjagt hat.

Denk an die Spiegelneuronen: Egal ob du immer nur das Beste oder das Schlechteste von anderen erwartest, es wirkt auf den anderen. Du erschaffst dir damit deine Realität selbst.

Die Schweden haben ein tolles Sprichwort dazu. Sinngemäß heißt es: Wenn du einen anderen Menschen wie einen König behandelst, holst du seine königlichen Seiten aus ihm heraus! Mit der Art, wie du mit anderen umgehst, erschaffst du deren Reaktion auf dich mit. Also erwarte einfach immer das Beste von deinem Gegenüber.

Es ist doch allemal besser, neunmal eine zu hohe Erwartung an andere gehabt zu haben und dabei einmal einen neuen Freund zu finden, als zehnmal eine niedrige Erwartung zu haben und dadurch den einen Menschen zu verpassen, der ein neuer Freund hätte werden können. Wir machen alle oft den Fehler, beleidigt die Erwartungshaltung generell runterzuschrauben, nur weil einer nicht zurückgelächelt, sondern schräg geguckt hat.

Einer meiner Probeleser (du findest ihn bei den Interviews wieder) sagte dazu passend: »Wenn man äußere Werte wie einen Mantel um seine Persönlichkeit legt und so auftritt, sollte man sich über seltsame Reaktionen nicht wundern. Wenn man hingegen einfach nur mit seiner Persönlichkeit auftritt, pur, so wie man ist, begegnen einem die Menschen ganz automatisch entspannt und zwischenmenschlich unkompliziert.

Zusammenfassung:

Wie werde ich das Popstar-Syndrom und das Gefühl der Entfremdung zu anderen, insbesondere zu Nicht-Stars und Nicht-Millionären los?

- ☆ Herz öffnen
- ☆ Aufmerksamkeit auf die Schönheit der Seele des anderen lenken.
- ☆ Gib dich menschlich natürlich und offen, und du wirst auch so behandelt werden. Wie man in den Wald hineinruft, so schallt es heraus.
- ☆ Verbundenheits- und Einheitsgefühle aktivieren. Das aktiviert die entsprechende innere Chemie und die passenden Neuronen, was wiederum der andere spürt und was automatisch zu warmherzigeren Reaktionen führt.

Finde dich selbst, dann findet sich der Rest von alleine

»Ich finde keine wirklichen Freunde, alle wollen nur mein Geld oder sich in meinem Ruhm mit sonnen.« Kommt dir das bekannt vor? Natürlich weiß ich nicht, ob du von unten angefangen und dein Geld selbst verdient hast oder ob du reich geboren bist. Wenn du es selbst verdient hast, dann rate ich dir, dich an früher zu erinnern: Hattest du da hunderte von Freunden an jeder Ecke? Man braucht kein Millionär zu sein, um es schwierig zu finden, die richtigen Freunde aus der Menge herauszupicken.

Manchmal gelingt es uns noch nicht einmal, die richtigen Schuhe aus dem Regal vor uns herauszupicken, selbst wenn wir direkt davor stehen. Im Grunde ist es dasselbe. Einer Freundin von mir ging es so, dass sie im Schuhgeschäft wühlte und wühlte und ein Paar nach dem anderen anprobierte. Nichts gefiel ihr und nichts war bequem genug. Da sie ihre anderthalb Jahre alte Tochter dabei hatte, wusste sie, sie musste sich beeilen, bevor das Kind allzu ungeduldig würde. Außerdem hatte sie noch eine ganze Reihe anderer Dinge zu erledigen und war leicht unter Druck.

Wie zu erwarten, wurde die Kleine bald unruhig. Nun ist dieses Kind aber – wie ich es mal nennen möchte – mit einer guten intuitiven Anbindung an die Urkraft ausgestattet. Die Kleine pickte irgendwann einen Schuh aus dem Regal und stellte ihn vor Mama hin. Richtig sprechen konnte sie noch nicht und so dachte die Mama zuerst, sie wolle jetzt auch mit den Schuhen »mitspielen« und meinte, das ginge leider nicht. Aber als das Kind sie auffordernd ansah, begriff sie. Sie schlüpfte in den vor sie hingestellten Schuh und stieß einen überraschten Ruf aus. Er passte wie angegossen und war genau das, was sie gesucht hatte.

Sie sagt, diesen Schuh hätte sie selbst nie aus dem Regal genommen, weil er ihr da nicht gefallen hatte. Nie wäre sie auf die Idee gekommen, dass gerade dieser Schuh perfekt am Fuß sitzen und toll aussehen könnte!

Was ich damit sagen will: Wenn du dich selbst gerade nicht wirklich spürst und damit auch nicht deine intuitive Anbindung an dein innerstes Selbst und die Urkraft in dir, dann kannst du direkt vor dem richtigen Schuh oder einem potenziellen Busenfreund stehen und du merkst es nicht.

Es gibt genügend Menschen und Schuhe auf dem Planeten, und wir haben auch genügend Gelegenheiten, mit beidem in Kontakt zu kommen. Es stehen also genügend zur Auswahl, mit denen wir in tiefer und befriedigender Resonanz sein könnten! Die eigentliche Frage ist nicht: »Wo finde ich sie oder ihn?« Die wirkliche Frage lautet: »Wie finde ich mich? Was kann ich tun, um mich selbst wieder zu spüren?« Wenn mir das gelingt, nehme ich auch die Schuhe und potenziellen guten Freunde vor meiner Nase wieder wahr.

Ein fataler Fehler beim Freunde finden ist es außerdem, seine Menschlichkeit (persönliche Neigungen, Schwächen und alles, wo es eben deutlich menschelt) zu verstecken. Das ist der sicherste Weg, alleine zu bleiben. Teile deine Menschlichkeit mit anderen, dann bist du wieder einer von ihnen, völlig unabhängig davon, wer intelligenter, schöner oder sonst was ist.

Hildegard von Bingen hat es perfekt formuliert:

> *»Solange der Mensch sich nicht selbst in den Augen und im Herzen seiner Mitmenschen begegnet, ist er auf der Flucht. Solange er nicht zulässt, dass seine Mitmenschen an seinem Innersten teilhaben, gibt es keine Geborgenheit. Solange er sich fürchtet, durchschaut zu werden, kann er weder sich selbst noch andere erkennen. Er wird allein sein. Alles ist mit allem verbunden.«*

Aber Vorsicht: Es ist genauso wie mit den Schuhen in unserem Beispiel. Der gute Freund oder die gute Freundin könnte ganz anders aussehen, als du es dir gedacht hattest. Du kannst sie nur mit dem Herzen sehen, und wenn du nicht deinen intuitiven Impulsen folgst, übersiehst du sie.

Die Schuhregaltechnik zum Freunde finden

Wenn dir das – noch, Übung macht den Meister – schwer fällt, dann rate ich zu folgendem Vorgehen: Sprich immer die an, die du eigentlich auf keinen Fall ansprechen wollen würdest.

Ich habe das früher öfter auf Partys gemacht, auf denen sich eine gewisse Langeweile einschlich (heute gehe ich zu solchen Partys einfach nicht mehr hin). Damals noch jung und genauso wie alle darauf »gebrieft«, nur nach Attributen wie »jung, schön, erfolgreich« Ausschau zu halten, lächelte ich als Erstes die hübschen jungen Männer an. Nachdem ich mich in Gesprächen ausgiebig mit ihnen gelangweilt hatte, wendete ich mich der nächsten Gruppe zu vom Typus: »Na ja, nicht der Hit, aber könnte man gerade noch so kontakten.« Es ließ sich keine Verbesserung feststellen. Lustig wurde es erst, als ich überging zu den Gruppen: »Um die mache ich auf jeden Fall einen großen Bogen, die gefallen mir gar nicht« und »So griesgrämig wie die gucken, muss man die ja meiden«.

Es gab welche, die nur jammern wollten, von denen wandte ich mich einfach gleich wieder ab. Aber es gab auch welche, deren Gesichtszüge sich von total genervt sein zum angenehm überrascht sein verwandelten und mit denen ich die nettesten und ausgiebigsten Gespräche hatte. Es waren Frauen, Männer, ganz alt bis ganz jung und sogar ein Kind war dabei. Letzteres hat mir die tollsten Sachen erzählt, was es diese Woche schon alles angestellt hat. Die Gespräche waren auf einmal amüsant bis berührend und kein Stück mehr langweilig.

Genau wie bei den Schuhen im Regal: Ich war zu Beginn der Partys manchmal völlig unfähig zu erkennen, wer zu mir passt und mit wem ich mich nett unterhalten könnte. Erst sprach ich regelmäßig die Falschen an und dann fand ich die erquicklichen Gesprächspartner unter den zuvor im Geiste Aussortierten.

Also, wenn es mit deiner Intuition manchmal auch nicht weiter her sein sollte als mit meiner, dann versuch die Schuhregalmethode: Sprich die an, die du normalerweise nie ansprechen wollen würdest. Vom Kellner bis zum Greis oder Kind, lass keinen aus. Sprich alle an, mit denen du nicht sprechen willst, und früher oder später findest du auf diese Weise garantiert neue und echte Freunde. Denn diese Menschen werden dich mit größter Wahrscheinlichkeit nicht automatisch mit einem überfreundlichen Anschleimlächeln begrüßen, egal wie du grad drauf bist.

Parallel mach dich auf die Suche nach dir selbst und beginne damit, dich selbst wieder mehr zu spüren. Automatisch wirst du die Stimme deines Herzens wieder deutlicher spüren und so ebenfalls nicht nur die richtigen Freunde finden, sondern auch überhaupt deinen Weg im Leben, der dich erfüllt, befriedigt und nährt.

Viele Millionäre und Milliardäre strotzen nur so vor Energie und es fällt ihnen, wie mir scheint, länger nicht auf, wenn sie einer Tätigkeit nachgehen, die sie nicht nährt, sondern dauerhaft Energie kostet. Wenn man einen Überschuss an Energie hat, möchte man diesen auch irgendwie investieren. Das ist prima so. *Das Geheimnis liegt jedoch darin, sein Leben so zu gestalten, dass man seine Energie nicht nur sinnvoll einbringt, sondern dass die Tätigkeiten und Kontakte, denen man nachgeht, außer Geld auch noch einen nährenden Energierückfluss bringen.*

Damit landen wir nahtlos im nächsten Kapitel und in der Geschichte von Ursula Maria und Wulf-Peter.

Der Berufung und dem Seelenplan folgen

Ursula Maria war geschieden mit einem Kind, beruflich mit dem Thema Berufung beschäftigt und lebte am Ammersee in Bayern. Wulf-Peter war geschieden mit einem Kind, beruflich mit dem Thema Seelenauftrag beschäftigt und lebte schon immer in Braunschweig, also ziemlich weit weg. Beide bestellten sich ihren Traumpartner beim Universum (wie in »Bestellungen beim Universum« beschrieben). Und sie fanden ihn in dem Moment, in dem sie sich selbst fanden.

Parallel und noch ohne sich zu kennen, kamen sie zu dem Ergebnis, dass die Seele jedes Menschen einen Plan hat, wenn sie hierher auf die Erde kommt. Sie möchte etwas Bestimmtes erleben, erledigen oder erfahren. Geht der Mensch diesem Plan seiner Seele nach und lebt er seine Berufung, statt nur irgendeinem möglichst lukrativen Beruf nachzugehen, fühlt er sich angefüllt, zufrieden und erlebt einen ihn nährenden Energierückfluss aus dem, was er tut.

Das kann ich voll und ganz bestätigen. Manchmal ziehe ich mich zum Bücher schreiben für drei Tage ins Hotel zurück (nachdem ich vorher z.B. ein Jahr lang Material gesammelt habe) und schreibe 20 Stunden am Stück, schlafe mich dann aus, gehe schwimmen, spazieren und schreibe die nächsten 20 Stunden. Als ich das das letzte Mal gemacht habe, kam ich ziemlich erkältet im Hotel an und fragte mich, ob es wirklich eine gute Idee sei, jetzt 20 Stunden am Stück zu arbeiten. Aber Schreiben ist etwas, das ich einfach liebe. Ich würde es auch noch tun, wenn außer mir kein Schwein auch nur eine Zeile lesen würde. Es beflügelt mich einfach. Außerdem macht es mir den Kopf frei.

Jedenfalls schrieb ich trotz Bedenken einfach los, geriet in meinen üblichen Schreibrausch und nach 20 Stunden war die Erkältung weg!

Einer meiner Lieblingsheilerinnen (steht auch auf meiner Homepage) geht es genauso. Sie hat an manchen Tagen von morgens früh bis abends spät Klienten und statt dass sie hinterher am Stock geht, ist sie aufgeladen mit Energie und Freude. Diese Arbeit »tun zu dürfen« gibt ihr Kraft, es kostet sie keine. Ganz offenbar hat sie den richtigen Platz für sich im Leben gefunden.

So soll das sein! Dabei ist ein feiner Unterschied zu beachten zwischen überdrehter Freude, die nur das Ego kurz in einen Zustand des High-Seins versetzt und die, wenn wir wirklich auf Herz und Körpergefühl achten, uns trotz allem Energie kostet – und der wirklich nährenden Energie authentisch gefühlter Freude. Halte inne, wenn du gerade high vom Arbeiten bist und spür in dich rein, was genau du da gerade erlebst: Sonnt nur das Ego sich oder wird deine Seele wirklich genährt von dem, was du da tust?

Ursula Maria und Wulf-Peter, um auf die beiden zurückzukommen, bauten jedenfalls unabhängig voneinander eine professionelle Beruf*ung*sberatung auf (statt der üblichen Berufsberatung), da sie erkannten, dass der Mensch auf Dauer an Energie, Kraft und Lebenslust verliert, wenn er nur einem Beruf, aber nicht seiner Berufung nachgeht. Die beiden hatten den Impuls, dass es ihre Berufung sei, andere dabei zu unterstützen, ebenfalls ihre Berufung zu finden.

Wulf-Peter reservierte von Braunschweig aus für sich dafür die Domain **www.berufungsberatung.de**. Kurz darauf hatte Ursula Maria am Ammersee dieselbe Idee. Auch sie wollte sich die Domain **www.berufungsberatung.de** sichern. Enttäuscht stellte sie fest, dass diese Domain bereits reserviert war. Und was tat sie? Sie schrieb den Inhaber an.

Es dauerte eine Weile, aber eines Tages telefonierten die beiden und nicht viel später trafen sie sich am Ammersee. Und das Gespräch dauerte gar nicht lange, da hatten beide das Gefühl angekommen zu sein. Angekommen am Ziel ihrer inneren Suche nach einem echten Seelenpartner. Und inzwischen wohnen beide gemeinsam am Ammersee, was kein Problem ist, da Wulf-Peters Sohn bereits erwachsen ist. Sie haben den richtigen Partner gefunden, als sie sich selbst und ihre Berufung gefunden hatten.

Wieder sind wir beim Thema von weiter oben: Finde dich selbst und die richtigen Freunde und Partner finden sich von alleine.

Und um sich diese dann zu erhalten, reicht äußerer Reichtum auch keinesfalls aus. Innerer Reichtum und innere Reife sind gefragt, sonst ist die Freude von kurzer Dauer.

Was ist mein Seelenplan?

Was ist die Seele? Der unsterbliche Teil in uns.

Du kannst dich hinsetzen, die Augen zumachen, sanft atmen und dich immer mehr entspannen, so dass du deinen Körper kaum mehr spürst. Stell dir vor, es gäbe die gesamte Erde um dich herum nicht und auch deinen Körper nicht. Was bliebe dann übrig von dir? Aus spiritueller Sicht ist deine Essenz, deine Seele, unabhängig von deiner irdischen Existenz. Sie ist das, was übrig bleibt, wenn alles andere wegfällt.

Was ist ein Seelenplan? Sobald wir hier geboren werden, sind wir sehr gefangen in vielen irdischen Eindrücken und Gefühlen. Wir orientieren uns sehr schnell sehr stark am Außen und vergessen leicht, auf unser Inneres zu achten. Wenn wir aber öfter innehalten und nur in uns selbst und in unser Herz hineinlauschen würden, dann würden wir darin Wünsche und Pläne unserer Seele entdecken, die uns kein anderer verraten kann. Nur wir selbst können unsere tiefsten Herzenswünsche und Seelenpläne in uns selbst entdecken. Andere können uns dabei begleiten und unterstützen, aber uns niemals das Hineinschauen in uns selbst ersparen.

Warum bin ICH JETZT hier auf der Erde? Es ist immer gut, sich selbst diese Frage zu stellen? Was wäre, wenn wir uns als Seele, als Energiewesen etwas dabei gedacht hätten, wenn wir einen Plan gehabt hätten?

Selbst wenn es in Wirklichkeit keinen großen kosmischen Plan geben sollte, kann die Frage dazu dienen, dass du in dich hineinlauschst und einfach nur den Kern deiner menschlichen Natur dort wiederfindest und mit ihm den Lebensstil, den du brauchst, um dich erfüllt, zufrieden und von deinem Leben energetisch genährt zu fühlen.

Alle Natur tendiert zur Harmonie, wusste schon Einstein. Und jedes Baby kommt mit dem Wunsch nach Harmonie auf die Welt. Keiner kommt nörgelnd und unzufrieden und gelangweilt hier an. All diese Gefühle können nur aufkommen, wenn man sich von seiner – zur Harmonie tendierenden – Natur entfernt hat.

Also gut, was ist dein Seelenplan, dein inneres Bild von deinem individuellen Glück, deine innerste Natur?

Vielleicht ist es nur der, eine spezielle Erfahrung zu machen. Aber welche hast du dir ausgesucht? An welchen Problemen und Hindernissen wolltest du dich erproben?

Einstein kam zu dem Ergebnis, dass man Probleme meist nicht auf der Ebene lösen kann, auf der man sie erschaffen hat. Um eine Lösung zu finden, muss man auf eine höhere Bewusstseinsebene gehen.

Was ist dein Seelenplan? Auf welche Bewusstseinsebene wolltest du gehen? Was wolltest du dort tun?

Es kann im Gesamtplan absolut o.k. sein, eine Zeit lang sich selbst und der Menschheit den Spiegel vorzuhalten und allen zu demonstrieren, wie verrückt das System ist, in das wir mittlerweile hineingeraten sind. (So wie z.B. George Soros in dem Beispiel vom Anfang des Buches oder man hat bisher sein Geld nur mit Ausbeutung verdient und befindet sich an einem Punkt, sich nicht mehr wohlzufühlen damit.) Kein Grund, sich für Vergangenes selbst zu martern:

»Ich Böse habe mich zu wenig um meine Kinder gekümmert.« Und aus Bekümmerung darüber versinkt diejenige in Depressionen und kümmert sich weiterhin um nichts. Ich kenne solche Kandidaten und halte das nicht für den besten Weg.

Spar dir lieber das destruktive Rückschauen und halte konstruktive Gespräche mit deiner Seele ab, wie du jetzt hier und heute deinen Seelenplan entweder findest oder, wenn du ihn im Wesentlichen schon lebst, ob es etwas gibt, das jetzt hier und heute noch dazukommen oder geändert werden möchte. Ein gewisses »Self-Update« ist im Bereich einer erfüllenden und nährenden Lebensführung stets nützlich.

Einkaufen nach der Konfuzius-Skala

Was, du kennst die Konfuzius-Skala nicht? Ich habe sie auch gerade erst erfunden. Konfuzius sagt, dass es besser sei, das kleinste Licht anzuzünden, als über die allgemeine Dunkelheit zu jammern. Und die Konfuzius-Skala, die ich mir gerade ausgedacht habe, reicht von minus zehn (maximales Lichtausblasen und im Dunkeln tappen) bis plus zehn (persönlich maximal mögliches Lichteranzünden).

Wann immer du etwas einkaufen möchtest, könntest du dich fragen, wie viel Punkte dieser Einkauf (Produkt oder Dienstleistung an sich plus die Gesamtauswirkungen des Kaufes) auf der Konfuzius-Skala hat. Erzeugt dieser Kauf insgesamt gesehen mehr Licht in deinem Leben und auf der Erde oder verringert er das Licht insgesamt gesehen? Man muss ganzheitlich denken, um das zu erfassen. Ich übe das auch gerade und sage bewusst dazu, dass ich es keinesfalls schon optimal beherrsche.

Auf dem Video »Grenzgänger« von Hans-Peter Dürr (Prof. für Atomphysik, dem der Alternative Nobelpreis verliehen wurde) ist Amory Lovins vorgestellt (findest du bei Google). In einer Gegend, in der es nachts bis zu minus 40 Grad kalt wird, hat er nur 10 Prozent der Strom- und Heizkosten, die gewöhnliche Häuser produzieren.

Und er züchtet obendrein noch tropische Früchte in seinem Haus! So ein Projekt scheint mir weit im Plusbereich der Konfuzius-Skala zu liegen. Da gäbe es sicher noch viele Orte auf der Welt, die viele solcher Häuser brauchen könnten, und immer würde es eine Verbesserung gegenüber dem Ist-Zustand darstellen.

Die Seele entstammt dem Licht und will möglichst viel von ihrem Licht auf die Erde bringen. Wenn du dein Geld so investierst, dass du viel Licht erzeugst, dann bist du höchstwahrscheinlich nah dran am Seelenplan.

Einer meiner vier Interviewpartner von weiter hinten im Buch sagte mir im Interview: »Frag dich immer: Was gibt mir Energie? Was nimmt mir Energie? Wenn du dem folgst, was dir Energie gibt und dich mit den Menschen umgibst, die dir Energie geben, kommst du deinem Seelenplan automatisch immer näher.«

Äußerlich und innerlich reich

Wer nur äußerlich reich ist, wird immer ein Problem haben und auf Dauer krank werden, wenn nicht der innere Reichtum Schritt hält. Innerer Reichtum hat etwas damit zu tun, dass man sich selbst erlaubt, sich zu spüren, zu sich zu stehen, und zwar unabhängig davon, was die Gesellschaft um einen herum davon hält. Innerer Reichtum zeichnet sich aus durch ein volles Herz, das sich an den kleinen Dingen des Lebens freuen kann. Innerer Reichtum führt automatisch dazu, dass man echte Freunde, Seelenschwestern und Seelenbrüder findet, und zwar ohne dass man sich groß anstrengt.

Ich möchte kurz schildern, wie sich zwei Seelenschwestern fanden, weil sie ihrem inneren Reichtum und ihrer Fähigkeit folgten, auf ihr Herz und ihre inneren Ratgeber zu hören. Lebendige Beispiele aus dem Leben machen meist viel besser als alle sachlichen Erklärungen klar, was gemeint ist und vor allem: wie es sich anfühlt. Was die zwei gerade frisch erlebt und mir heute vor fünf Stunden erzählt haben, kannst du genauso erleben und erlebst es ja vielleicht auch schon.

Zwei Seelenschwestern

Angelika H. ist seit acht Jahren meine Pranaheilerin und die einzige, zu der ich je gehen würde. Sie kann das Energiefeld ihrer Klienten sehen und die Chakren (Energiezentren im Körper) reinigen und ausgleichen, ohne den Klienten anzufassen. Sie bespricht dabei mit den Klienten ihre Lebensthemen und woran zu arbeiten gerade ansteht. Ihre Arbeit ist somit eine Mixtur aus Anleitung zum Selber-Tun und energetischer Unterstützung.

Vor ein paar Wochen teilten ihre geistigen Führer und Helfer im Unsichtbaren ihr mit, dass sie ab nun auch die Energie von Engeln bei ihrer Arbeit mitnutzen und mit einladen könne und dass sie deshalb zu dem Engelkongress nach Hamburg gehen solle. Das war ein Kongress mit etwa 15 Referenten/Referentinnen zum Thema Engel. Angelika fühlte sich zwar etwas verunsichert, ob das wirklich so sein könne, zumal sie in München wohnt und Hamburg sicher nicht der nächste Weg ist. Man kann und soll ja auch nicht jede Eingabe von Innen ungeprüft glauben und übernehmen. Aber sie machte sich schließlich doch auf und flog nach Hamburg zu diesem Kongress.

Doreen Virtue, eine der Referentinnen, gefiel ihr sehr gut. Und als Frau Virtue eine ganze Reihe ihrer Schülerinnen und Schüler auf die Bühne holte und vorstellte, sah sich Angelika von der Tribüne aus genau die Energiefelder der vorgestellten Damen und Herren an. Die Gesichter konnte sie auf die Entfernung nur unscharf wahrnehmen. Das Energiefeld einer der Damen jedoch empfand sie als äußerst ansprechend und als sehr positiv und kraftvoll.

Sie lehnte sich schließlich jedoch wieder zurück und dachte: »Na ja, ich fliege jetzt aber nicht in die USA zu irgendwelchen Sitzungen, das geht ja gar nicht mit meinen zwei Kindern. Wenn ihr da oben (Geistführer und Engel) wirklich meint, dass es für mich dran wäre, jetzt auch mit Engeln zu arbeiten, dann schickt mir bitte ein ganz deutliches Zeichen. Ansonsten fahre ich jetzt wieder heim und lasse die Sache auf sich beruhen.«

Was sie nicht wusste und was sie irgendwie falsch mitbekommen hatte war, dass die betreffende Dame nicht in den USA, sondern – Überraschung – ebenfalls in München wohnte! Es passierte zunächst jedoch gar nichts und so flog sie scheinbar unverrichteter Dinge wieder zurück nach München.

Noch weitere zwei Wochen lang geschah nichts. Dann rief eine gewisse Isabelle bei ihr an und wollte einen Termin haben. Sie erzählte etwas von einer CD, die sie bestellt hatte und einem Buch, das stattdessen kam und deshalb wolle sie jetzt einen Termin bei Angelika H.. Angelika verstand es nicht genau, gab ihr aber einen Termin.

Was Angelika ebenfalls nicht wusste war, dass Isabelle genau jene Schülerin von Doreen Virtue war, die sie auf der Bühne gesehen und als so positiv empfunden hatte. Isabelle ihrerseits wusste natürlich nichts von dem deutlichen Zeichen, das Angelika H. sich bestellt hatte. Sie selbst hatte lediglich die CD »Om« von Master Choa Kok Sui, dem Vater der Pranaheilung, beim Koha-Verlag bestellt (der zufällig, falls es so etwas überhaupt gibt, auch der Verlag dieses Buches in der deutschen Ausgabe ist). Aber irgendetwas war schief gelaufen und es war stattdessen mein Buch »Neue Dimensionen der Heilung« mit der Post gekommen. Isabelles Verlobter packte es aus und wollte es schon zurückschicken. Etwas jedoch bremste ihn und er hatte das Gefühl, Isabelle brauche das Buch und dass es kein Zufall sei, dass das Buch statt der CD gekommen war.

Als Isabelle abends heimkam hatte sie genau dasselbe Gefühl. Sie nahm das Buch und blätterte mit dem Daumen über alle Seiten. Irgendwo hielt sie inne und schlug das Buch auf. Sie befand sich mitten in einem Kapitel über Pranaheilung und über Angelika H., deren Arbeit ich in dem Buch ein Kapitel gewidmet habe.

Eigentlich wollte Isabelle in die USA fliegen, um eine Sitzung bei einer Freundin von Doreen Virtue zu nehmen. Aber als sie den Namen Angelika H. las, klingelte es so stark in ihr, dass sie kurzerhand zum Telefon ging, Angelika anrief und eine Sitzung bei ihr buchte, was sie, wie sie mir später versicherte, normalerweise nie tun würde. Doch der Impuls war einfach zu stark!

Als der Tag kam und Angelika die Tür öffnete, hatten beide sofort das Gefühl, sich zu kennen. Keine von beiden jedoch sprach es aus, da ihnen das Gesicht der anderen trotz des vertrauten Gefühls neu war. Isabelle kam ins Haus und Angelika stockte bereits der Atem. Sie sagte mir vorhin, dass sie deutlich hätte sehen können, dass Isabelle nicht alleine kam. Eine wahre Heerschar von Engeln folgte ihr nach und kam mit ins Haus. Angelika kann feinstoffliche Energien sehen und war baff. Was wollte so eine Frau bei ihr? Wobei oder warum sollte sie Hilfe benötigen?

Trotzdem sagte sie nichts, sondern hielt die Sitzung ab. Während der Sitzung sagten ihr die Engel, Isabelle sei genau die Frau, die sie während des Engelskongresses gesehen hatte. Sie sei das gewünschte Zeichen. Angelika konnte es kaum glauben und fragte nach der Sitzung ganz vorsichtig an, ob Isabelle womöglich zu Doreen Virtue in die USA fahren wolle. Isabelle hatte erwähnt, dass sie eigentlich in die USA reisen wollte und nun stattdessen hier bei Angelika sitzen würde. Das sei weitaus näher, denn auch Isabelle wohne ja genau wie Angelika in München. Isabelle war erstaunt und antwortete, nein, nicht zu Doreen, sondern zu einer Freundin von ihr. Und dann fragte Angelika noch einmal nach und es stellte sich heraus, dass Isabelle genau diejenige gewesen war, deren Energiefeld Angelika während des Engelkongresses so stark angesprochen hatte. Dann erzählte sie die ganze Geschichte.

»So, so, dann hat mir also der Koha-Verlag das Buch von der Bärbel Mohr geschickt statt der CD, damit Sie Ihr Zeichen bekommen«, meinte Isabelle lachend.

Aber auch für sie erwies sich die Sitzung im Nachhinein als Segen. Denn die Arbeit von Angelika hatte Isabelle genauso beeindruckt, wie Isabelles Engel Angelika. Und so hat Isabelle gerade eine Zusatzausbildung in Prana-Heilung begonnen und beide, sowohl Angelika als auch Isabelle, werden in Zukunft mit Prana und mit Engeln gleichzeitig arbeiten. Inzwischen haben sie auch über das spontane Vertrautheitsgefühl gesprochen, sind natürlich per Du und haben beide das Gefühl, Seelenschwestern zu sein. Sie wollen auch in Zukunft zusammenarbeiten. [4]

Innerer Reichtum erwächst aus der Stille,
dem Hineinhorchen in sich selbst.

4 Ein Foto von beiden und ihre Kontaktdaten findest du übrigens auf meiner Homepage **www.baerbelmohr.de** unter Bücher, bei diesem Buch und dort bei den Zusatzinfos zu diesem Buch.

Für mich ist das ein perfektes Beispiel dafür, was inneren Reichtum unter vielen anderen Dingen ausmacht: Sich zu trauen, sich dem Leben anzuvertrauen, das Leben selbst um Rat zu fragen und die Fähigkeit zu besitzen, den Impulsen und dem Ruf des eigenen Herzens zu folgen. Dann wird man reich belohnt, indem man mit genau den Menschen zusammengeführt wird, die einen spontan im Herzen berühren und zu Kontakten, die nährend und bereichernd wirken; innerlich, ganz unabhängig vom Geld.

Wenn sich dann innerer und äußerer Reichtum ergänzen, lässt sich natürlich auf wundervollste Weise ganzheitliche Schönheit auf allen Ebenen erschaffen und in der Welt umsetzen. Und das gibt wiederum das Gefühl, gesegnet zu sein, dass man all dies tun und umsetzen und erleben darf. Da ist es dann völlig unnötig und überflüssig, sich mit allerlei Sinnesreizen voll zu dröhnen, nur um einer gefürchteten inneren Stille zu entfliehen, in der am Schluss genau das zu finden ist, was das Herz in Wahrheit sucht: nämlich der Kontakt zur eigenen Seele und dem eigenen Seelenplan.

Ist es nicht irgendwie grotesk? Wie oft meiden wir die Stille, um uns ja nicht selbst spüren zu müssen? Wir schieben (und das gilt für fast alle Menschen unabhängig vom Einkommen) Panik vor dem einsam sein (ein Same sein!!) in der Stille. Dabei erwächst gerade daraus unser innerer Reichtum, den wir brauchen, um den äußeren Reichtum als Segen und nicht als teilweisen Fluch zu erleben.

Was erzählen manche Popstars und Schauspieler da nicht immer wieder in Interviews? Ihrem Ruhm hinge auch ein Fluch an. Sie würden ihm am liebsten entfliehen. Die Jungs und Mädels rennen höchst wahrscheinlich genauso wie die meisten vor dem inneren Reichtum davon, statt ihn in sich zu entdecken und erforschen.

Wir haben meist Angst, in die Stille zu gehen und mal ganz allein mit uns selbst zu sein, ohne Aufgabe, ohne Termine, ohne Ziele. Wir befürchten, uns selbst zu verlieren und all das, über das wir uns bisher definiert haben. »Wer bin ich denn, wenn ich nicht der oder die bin, die das und das tut?«

Wir befürchten, dass wir nichts mehr sind und die Wahrheit ist, dass wir viel mehr sind als nur der kleine Gschaftlhuber, der unbedingt eine Million Kontakte und zwei Millionen Aktionen Jahr für Jahr braucht, um »jemand« zu sein. Was wir in der Stille, in der Ruhe, in der Absichtslosigkeit und im reinen Sein ohne Erwartung finden können, ist unsere Seele, unseren Seelenplan und unseren inneren Reichtum, unseren göttlichen Kern. [5]

Und dann wünsche ich mir, dass du nicht denselben Fehler wie so viele Esoteriker machst und meinst du müsstest dich entscheiden: Geld oder Liebe. Wenn du als Milliardär oder Multimillionär den inneren Reichtum dazu entdeckst, dann kannst du diesen im Gegenteil ungeniert nutzen, um den äußeren Reichtum noch zu vermehren. Wer, wenn nicht ein Mensch, der inneren und äußeren Reichtum gleichzeitig besitzt, kann sinnvoll und »der Einheit allen Seins dienend« damit umgehen?

Ich wünsche dir gesegnete innere und äußere Fülle gleichzeitig und dem Rest der Welt wünsche ich ein Grundeinkommen, so dass es weltweit keine hungrigen Kinder mehr gibt. Und ich meine den physischen Hunger genauso wie den nach Liebe. Wäre doch herrlich, oder?

5 Beim Versuch, der irdischen Welt durch Kontakte zur geistigen Welt zu entfliehen, kann man sich genauso verlieren wie beim Überarbeiten. Das hat dann nichts mit innerer Stille und Seelenplan zu tun, sondern mit einer neuen Droge. Es kommt darauf an, wie man es macht und welche geistige Grundhaltung man dabei hat (z.B. Eigenverantwortung übernehmen oder abgeben wollen). Was kann ich tun, um einen echten Kontakt zu meiner inneren Quelle zu unterscheiden von Scharlatanenergien auf der Seite der geistigen Welt? Warum channeln manche Medien so viel Richtiges und andere so viel Unsinn? Zu welchem Medium kann man gehen? Wenn das ein Thema ist, das dich interessiert, dann findest du auf **www.baerbelmohr.de** im kostenlosen Online-Magazin einen Artikel zum Thema »Zwischenebene, falsche und echte Channelings und Schöpferbewusstsein«.

Vorteile von Neid und wie man sich vor den Nachteilen schützt

Neidische Blicke

Neid ist eine interessante Sache und einer näheren Betrachtung wert. Einerseits lösen neidische Blicke im Beneideten oft einen Serotoninschub aus. Serotonin ist ein Nervenbotenstoff, der zuständig ist für das Gefühl von Zufriedenheit und »satt« von etwas sein. Die Fähigkeit, sich satt und zufrieden zu fühlen hat jedoch längst nicht jeder.

Wenn beispielsweise jemand gearbeitet hat, dann hat die Arbeit vermutlich Dopaminausschüttungen in ihm ausgelöst, die zuständig sind für unser Freudeempfinden. Wenn er dann nach der Arbeit nach Hause geht, sollte er normalerweise Befriedigung über das Geleistete empfinden und genüsslich den Feierabend begehen. Dabei wird Serotonin ausgeschüttet. Wenn man aber verlernt hat zufrieden zu sein, findet die Serotoninausschüttung nicht statt und derjenige spürt eine innere Leere und Unzufriedenheit. Die kompensiert er, indem er schleunigst weiterarbeitet, um wenigstens in den Genuss von Dopamin zu kommen.

Oder aber er kompensiert den Serotoninmangel, indem er abends mit seinem Ferrari vor den teuersten Bars der Stadt vorfährt und sich neidisch angucken lässt. Das löst Serotoninausschüttungen aus, wie die Wissenschaftler herausgefunden haben und macht kurzfristig etwas zufriedener.

Serotoninmangel kann übrigens auch durch Fehlernährung bedingt sein, denn dieser Stoff wird zu 95 Prozent im Darm hergestellt. Wer also spät abends noch fett isst, beeinflusst die Serotoninproduktion ebenfalls zu seinen Ungunsten. Spätes fettes Essen erzeugt das berühmte »südländische Temperament«. Man ernähre die Leute gesünder und das leicht entflammbare Temperament beruhigt sich. Die Menschen werden einfach zufriedener!

Aber zurück zum Neid. Das ist also die eine Seite des Neides. Wenn wir unter Serotoninmangel leiden, kann er uns nützen, weil neidische Blicke die Serotoninproduktion unterstützen.

Übrigens: Leidet ein Mensch nicht unter Serotoninmangel, dann nimmt er neidische Blicke entweder gar nicht wahr, weil er seine Aufmerksamkeit ganz woanders hat, oder er empfindet sie als unangenehm. Bei gesundem, ausgeglichenem Serotoninspiegel empfindet man Neid als eine vom anderen Menschen trennende Emotion und ist einer gesunden psychischen Natur gemäß nicht glücklich darüber.

Neid kann zu mehr eigener Leistung anstacheln

Eine andere Seite des Neides ist, dass er den Neidempfindenden anstacheln kann, mehr zu erreichen. Und allein schon indem derjenige darüber nachdenkt, wie er das Gewünschte ebenfalls erreichen könnte, verschwindet der Neid. Das Pläneschmieden reicht, um das Selbstbewusstsein wieder zu stärken. Allerdings muss man es dann natürlich auch angehen, sonst wird der nächste Neidschub umso größer.

Neid ist auch der Ärger über das eigene Unvermögen, das Gleiche zu erreichen. Jemand führt einem vor, dass es geht, wie ärgerlich! Das kann anstacheln oder den passiven Typus, der lieber das arme Opfer spielt, in einen giftigen Dauerneidzustand bringen. Das kann dann möglicherweise ungesund für den Beneideten werden, wenn er nicht stabil genug in sich selbst ruht.

Zerstörerische Neidschwingungen

Neid ist eine Schwingung und sie dringt bis tief in die Zellebene ein. Neid kann auch eine richtig zerstörerische Schwingung haben. Wer zu viele Neider um sich hat, kann krank davon werden, ja, laut Meinung einiger spiritueller Heiler, sogar Krebs davon bekommen.

Ich besuche mit meinem Mann gelegentlich Seminare zur Befreiung von Neidenergien bei einem russischen Heiler, der in Deutschland lebt. Am Anfang haben wir es nicht geglaubt, aber wir fühlten uns sofort leichter und beschwingter, sobald er uns von der Energie des Neides anderer befreit hatte.

Er geht sogar so weit, Neid für eine stark gefährliche Schwingung zu halten und für eine, die immer mehr zunimmt. Früher hat er seine »Anti-Neid-Tage« einmal im Jahr veranstaltet. Inzwischen macht er es zweimal, weil er meint, einmal reicht nicht mehr. Die Leute überschlagen sich und zernagen sich teilweise schier vor Neid und sie machen sich gegenseitig energetisch damit kaputt.

Und dabei geht es keineswegs nur um Geld und das größere Auto, das der Nachbar unerhörterweise fährt. Wenn ein anderes Kind besser in der Schule ist als das eigene, löst das sofort wieder Neid aus, oder wenn der andere einen hübscheren Partner / eine hübschere Partnerin hat als man selbst, ebenfalls.

Man sieht daran, dass Neid ein Gefühl ist, das aus krankhafter Unzufriedenheit mit dem eigenen Leben erwächst. Welcher Mensch, der glücklich mit seinem Partner, seinem Job und seiner Familie ist, fühlt sich gestört vom glänzenderen Aussehen der Partnerin des besten Freundes oder vom besseren Notendurchschnitt dessen Kindes?

Neid ist nicht die Krankheit, er ist ein Symptom für generelle Unzufriedenheit mit dem eigenen Leben. Der Neid wegen besserer Schulnoten bei anderen erwächst häufig aus dem Frust und Stress, den die meisten mit dem gegenwärtigen Schulsystem in Deutschland haben. In Skandinavien interessiert es vermutlich weit weniger, welche Noten das Nachbarskind hat. Allein schon deshalb nicht, weil es dort in den meisten Schulen gar keine Noten gibt! Eine weise Entscheidung. In einigen skandinavischen Ländern machen über 90 Prozent der Kinder Abitur und um die 70 Prozent studieren. Deutschland schlurft mit 36 Prozent Studierenden hinterher. Frust führt zu Neid demgegenüber, der weniger Stress mit dem System zu haben scheint als man selbst. Wobei die Skandinavier andere Probleme haben, der Neid lohnt also noch nicht einmal … (Siehe bei Interesse auf meiner Homepage auf der Kinderseite.)

Dauerhafter Neid ist schlecht für die Gesundheit dessen, der beneidet wird. Ein neidischer Blick von einem Unbekannten im Vorübergehen hingegen, das hatten wir grad, kann sogar Zufriedenheitsgefühle auslösen. Dauerneid aber wirkt zerstörerisch.

Afrikanische Neidvariante

Ich hatte ja angenommen, dass es in bestimmten Gebieten, wie beispielsweise den Ländern Afrikas, nicht viel Neid gibt. Irgendwie hatte ich mir eingebildet, dass die Familien und die Armen da noch besser zusammenhalten. Das scheine ich bei weitem zu naiv gesehen zu haben. Meine afrikanischen Au-pairs berichten mir das genaue Gegenteil. Sie sagen, wenn bei ihnen jemand mal ein bisschen mehr Geld verdient als die anderen, dann muss er es geheim halten, weit weg ziehen und sich Wächter zulegen. Sobald nämlich bekannt wird, einer hat ein paar Dutzend oder gar ein paar hundert Euro mehr als der Rest, kommt die ganze dreißig- bis hundertköpfige weitläufige Verwandtschaft gerannt und fordert ihren Teil davon. Man ist ja schließlich verwandt und sie brauchen doch alle grad so dringend etwas. Die Nachbarn hängen sich noch mit dran und wenn der gerade geschäftlich Erfolgreiche sein Geld behalten will, weil er sich womöglich einbildet, es ins Geschäft re-investieren und eine Erweiterung seiner Geschäftstätigkeit wagen zu können, dann wird er zur Not windelweich geprügelt, bis er jeden Cent freiwillig rausrückt! Und das war es dann wieder mit dem aufstrebenden Jungunternehmer. Die Gleichheit und damit gleichmäßige Armut aller ist wieder hergestellt. Na, so ein Glück!

Ein solches Verhalten beruht natürlich zum Teil auch einfach auf einer ganzen Reihe von Fehlern im Denken (z.B. in der Familie wird alles geteilt, Differenzierungen sind nicht erlaubt), aber untendrunter liegt doch auch immer wieder der Neid und nicht in Frieden zuschauen zu können, wenn ein anderer mehr erreicht als man selbst.

Energetischer Neid

Die Ereignisse, wie sie sich offensichtlich teilweise in Afrika abspielen, wiederholen sich ganz so bei uns natürlich nicht. Zumindest nicht auf einer so plump physischen Ebene. Auf der rein energetischen hingegen scheint kein großer Unterschied zu bestehen.

Claus David Grube schreibt in seinem Buch »Das Zen der ersten Million«, das größte Hindernis, sich Reichtum zu erlauben, sei wohl der Neid aus dem engsten Familien- und Freundeskreis. Deren Neid kann einen auffressen, der Reichtum kann zur Trennung führen – also entscheiden sich die meisten dagegen. Unbewusst natürlich. Bewusst wird Lotto gespielt. Und so gut wie alle der zirka 100 Personen, die pro Jahr in Deutschland durch Lotterie oder TV-Quiz kurzfristig zu Millionären werden, haben das Geld spätestens in einem Jahr wieder versemmelt.

Halten sie alle den Neid der anderen nicht aus und sind lieber wieder arm, um dazuzugehören und um der krankmachenden Neidschwingung nicht mehr ausgesetzt zu sein? Vielleicht ist das ein weiterer Puzzlestein! Wir hatten das Thema schon am Anfang des Buches: Die Unfähigkeit, Geld sinnvoll zu handhaben.

An sich bin ich eine Anhängerin der Idee des Grundeinkommens von Götz Werner (sein Buch heißt »Ein Grund für die Zukunft: Das Grundeinkommen«). Götz Werner ist überzeugt, dass der Mensch sich grundsätzlich gerne mit seiner Arbeit an der Gesellschaft beteiligt und dies als erfüllend empfindet. Deshalb würde sich auch kaum einer faul zurücklehnen, nur weil es ein Grundeinkommen gibt – abgesehen von denen, die es immer tun, egal wie das System gerade ist.

DAS halte ich persönlich auch nicht für das Problem. Die meisten Menschen tun gerne etwas. Aber wie schaut es mit dem Neid aus? Was wäre, wenn wir allen in Deutschland beispielsweise 1.500 Euro monatlich lebenslänglich auszahlen würden? Wer existiert, hat ein Recht auf Grundversorgung, genug Arbeit für alle gibt es eh nicht mehr und die ganzen komplizierten Ämter und Sozialversorgungssysteme kosten uns ja schon ähnlich viel. Warum nicht gleich jedem einen gleichen Betrag auszahlen?

Ich liebe die Idee. Vor allem den Grundgedanken: Wer existiert, hat ein Recht auf Grundversorgung und Punkt. Aber möglicherweise würden wir auch da wieder ein Problem mit dem Neid bekommen, wenn in allen Bundesländern alle dasselbe Einkommen und wenn alle Einkommensklassen dasselbe Grundeinkommen hätten, selbst wenn sie es gar nicht brauchen.

Vielleicht könnten wir über die Medien ein Training zum sinnvollen Umgang mit Geld und zum neidfreien Genießen desselben einführen. Dass alle schön und reich sein wollen und haufenweise unnützes Zeug zu brauchen meinen, hat ja wunderbar geklappt durch die Medienbeeinflussung. Warum nicht auch mal positiv beeinflussen, wenn man schon so ein Instrument zur Verfügung hat? Wenn wir alle lernen würden, uns um unsere wirklich innersten Wünsche und Neigungen zu kümmern und unser Glück dort zu suchen, hätte sich das Thema Neid erledigt.

Lösungen zum Umgang mit Neid

Neid ist in der Regel unbewusst. Wenn man mit extrem neidischen Leuten über das Thema Neid spricht, dann kennen sie viele

Verrückte, die doch tatsächlich neidisch sind, aber sie selbst doch nicht! Fakt ist: Sie sehen es nicht, sie nehmen es nicht wahr. Und was einem nicht bewusst ist, kann man auch schlecht abstellen. Das ist logisch. Dennoch gibt es Tricks, dem Neid vorzubeugen.

Um das Aufkommen von Neid bei dir selbst zu verhindern, könntest du beispielsweise Gedanken kultivieren, mit denen du anderen bewusst das gönnst, was diese mehr als du haben: Also vielleicht die schönere, jüngere Partnerin, den flotteren Ehemann, den moderneren Hubschrauber, das intelligentere Kind usw. usf.

Solltest du dich dennoch bei einem neidischen Gedanken ertappen (»Hat doch der Lump mir diesen Palast oder dieses Geschäft vor der Nase weggeschnappt«), schalte um und schwelge stattdessen in Gedanken an Dinge, die du gerne hättest. Wie würde es dir am besten gefallen? Und wenn du eine genaue Vision dessen in dir hast, gönne bewusst allen anderen, dies auch erreichen zu dürfen!

Das hat zwei entscheidende Vorteile: Du selbst plagst dich über kurz oder lang mit weniger neidischen Gedanken herum und zweitens wirst du unempfindlicher gegenüber der Neidschwingung von anderen!

Selbst wenn sich die größte Anzahl deiner Neider am anderen Ende der Welt aufhalten sollte, wird die Schwingung ja doch bei dir ankommen. Nicht nur auf subatomarer Ebene ist alles eins und alles miteinander verbunden. Wenn einer sich beim Feuerlauf den kleinen Zeh ankokelt, dann kommt diese Schwingung definitiv auch noch im Kinn und in der Nase an. Kein Teil am ganzen Körper fühlt sich in dem Moment herrlich entspannt und friedlich, wenn ein Teil in Aufruhr ist.

Menschheit und Natur sind letztlich auch immer eins. Und deshalb kommt auch die Schwingung immer irgendwie an.

Aber mach einfach eine Gefühlsprobe aufs Exempel: Stell dir eine Gruppe von tausend neidischen Verwandten, Schulfreunden und Angestellten oder Geschäftskollegen vor, die sich alle vor Missgunst dir gegenüber verzehren. Und stell dir vor, du würdest denken: »Ihr

Ekel, ihr Nervensägen, ihr könnt mich alle mal, ihr seid doch alle selber schuld.«

Geh in das Gefühl so gut es geht und frage dann in Gedanken deine Körperzellen, wie sie sich mit der Situation fühlen! Betrachte es als ein Phantasiespiel und beobachte nur, was dir in dem Moment dazu einfällt.

Nun lassen wir die tausend Neider wie sie waren, aber du änderst deine Grundeinstellung. Jetzt denkst du: »Alles das, was ich habe und alles, was ihr euch wünscht, das wünsche ich euch, dass ihr es erreichen möget. Die Welt ist groß und weit und voller Möglichkeiten und ich traue euch zu, dass ihr das schafft und auch ganz ohne meine Hilfe. Ich glaube an die göttliche Kraft in euch, alles zu erreichen, was ihr wollt und ich wünsche es euch von ganzem Herzen.«

Frag nun noch einmal deine Körperzellen, wie sie sich jetzt fühlen? Merkst du womöglich einen Unterschied? Spürst du eventuell eine Erleichterung, wenn du dich nicht in Gedanken wehren musst gegen den Neid der anderen, sondern ihn als Anlass nimmst, den anderen in Gedanken zu wünschen, dass sie alles das, was du hast, auch erreichen mögen?

Nehmen wir das Beispiel *YouTube*[6] oder *MySpace*.

Eine gute Idee und zwei Jahre Zeit, schwupp, schon kann man heute Multimillionär sein. Gönne es ihnen ganz bewusst!

Diese Übung kannst du jedes Mal machen, wenn du dir entweder etwas besonders Schönes gönnst oder wenn du beobachtest oder spürst, dass dich jemand anders um etwas beneidet. Wünsch sofort dem anderen, dass er es auch erreichen kann.

Wünsch der ganzen Welt, dass sich die Herzenswünsche aller Menschen verwirklichen mögen, und zwar im Einklang mit der Natur. Wenn wir Menschen unsere wirklichen tief innersten Her-

6 YouTube ist eine relativ neue Interneterfindung und wurde für ca. 1,5 Milliarden an Google verkauft. MySpace genauso, das brachte ca. eine halbe Milliarde anderthalb Jahre nach Gründung.

zenswünsche wieder entdecken, befinden sich diese zwar vermutlich sowieso im Einklang mit der Natur, aber bis dahin kann es nicht schaden, das mit zu wünschen. Denk an Teslamotors mit ihrem Tesla Roadster, ein Elektroauto, das schneller als ein Porsche beschleunigt. Da können sich die Sportwagenfreaks austoben und gleichzeitig umweltschonende Forschung vorantreiben.

Wünsch einfach der ganzen Menschheit, dass sie sich immer mehr dahin entwickelt – Fülle für alle im Einklang mit der Natur – und du wirst alleine durch diesen Wunsch weniger Probleme mit Neidenergien haben.

Zurück zur Pferdekutsche oder vorwärts zum flotten Raumschiff?

Nur für den Fall, dass dieser Vorschlag dem einen oder anderen Sorgen machen sollte: Fülle für alle, das geht doch nicht und noch dazu im Einklang mit der Natur! Am Ende muss ich wieder umsteigen auf Pferdekutsche? Vergiss es! Wenn dir der Sinn nach fünf Schlössern stehen sollte und du wirkliche Freude von Herzen daran hast, dann trau der Natur ruhig zu, dich damit auch weiterhin zu versorgen.

Eine Anmerkung zu den Schlössern: Ich kann dir versichern, dass kaum jemand freiwillig in einem Schloss leben will. Die Dinger sind viel zu groß und unhandlich. Ich weiß, wovon ich rede. Ich hatte im jugendlichen Übermut mal beim Universum bestellt, in einem Schloss wohnen und arbeiten zu können, und hatte kurz darauf zwei Angebote, genau das zu tun. Nach einem Probewohnen in den Schlössern war ich bald wieder kuriert von dieser Idee. Die warme Luft hängt immer an der vier Meter hohen Decke und ich friere am Boden. Und erst die Flure – igitt, wie kalt. Und wer soll die ganzen Gänge putzen? Da braucht man ja ständig Personal im Haus, das die meisten Leute gar nie um sich haben wollen, weil sie lieber allein mit sich und ihrer Familie und in ungestörter Ruhe leben.

Bei Mikroorganismen heißt es, dass nur 20 Prozent von ihnen Machertypen sind. Der Rest sind Mitläufer oder so genannte Generatoren, die lediglich Vorgegebenes verarbeiten. Das ist bei Menschen kein bisschen anders. Den durchschnittlichen 80 Prozent graust es bei dem Gedanken, Riesenbesitztümer verwalten zu müssen. Sie glauben vielleicht jetzt, es haben zu wollen, weil die Werbung es ihnen erfolgreich suggeriert. Aber wie sieht es mit dir aus? Bist du nicht längst auch Opfer deiner eigenen Werbekampagnen für Kunden? *Muss bei dir privat nicht auch schon längst alles so schön und glänzend wie in der Werbung sein, mit der du auf Kundenfang gingst und die so gut wurde, dass du gleich selbst mit reingefallen bist?*

Achte auf dein Herz und auf das, was dich wirklich glücklich macht. Und verlass dich drauf, wenn du ein Machertyp bist, gehörst du einer Minderheit an. Und wenn es dich glücklich macht, Riesenbesitztümer zu verwalten (wirklich glücklich macht, nicht nur weil du auf deine eigene Kinoreklame reingefallen bist), dann ist es völlig o.k. und auch möglich, dies im Einklang mit dem Ganzen weiterhin zu tun.

Mach mal eine weltweite Umfrage, ob man Schloss Neuschwanstein auseinander nehmen und die Einzelteile unter den Armen verteilen sollte? Dann weint die ganze Welt. Das will keiner, weil alle Freude an der Schönheit dieses einmaligen Bauwerkes haben. Auch und gerade in einer Welt, in der alle im Einklang mit dem Ganzen, mit der ganzen Menschheit und mit der ganzen Natur leben würden, wäre Platz für »Paläste der Schönheit«. Und von den 80 Prozent Generatormenschen wird sie keiner initiieren, soviel steht fest. Es hängt also nach wie vor an dir. Also, entspann dich und vergiss die Pferdekutsche!

Denk lieber darüber nach, wie du Teslamotors übertrumpfen und mit einem Wasserstoff betriebenen Raumschiff abheben könntest (wobei wir dann natürlich den Wasserstoff herstellen müssen, ohne dabei wieder Erdöl zu verbrennen). Oder investiere in die Erfindung einer supergünstigen, umweltfreundlichen und extrem langlebigen Autobatterie, damit sich Elektroautos besser lohnen.

Und wenn du andere ängstliche Millionäre triffst, bring ihnen bei, auf ihre wirklichen Herzenswünsche zu achten und zeitgemäß zu denken. Sagen nicht womöglich Herz und Gefühl auch ihnen, dass sie ihre wirkliche Herzenswünsche besser *im* Einklang mit allem als dagegen erreichen?

Gesetz des Stärkeren oder Kooperation

Im Moment baut unsere Wirtschaft noch auf der Idee vom Gesetz des Stärkeren auf. Wir meinen in der Natur beobachten zu können, dass immer nur der Stärkere überlebt, und so verhalten wir uns auch: Ellenbogen raus und uns aufplustern, damit wir nicht von Stärkeren gefressen werden. Neid ist eine Folge davon, und der Neid killt hintenrum auch den Stärkeren mit seiner zerstörerischen Energie und macht ihn krank. Kein Löwe, von dem wir das Gesetz angeblich abgeguckt haben, hat je Probleme mit dem Neid der Antilopen, die er frisst. Vielleicht gelten für den Menschen doch auch andere Gesetze?

Außerdem wird auch gemunkelt, dass wir Darwins »survival of the fittest« nur falsch übersetzt und falsch verstanden haben. Es überlebt nicht der Stärkere, sondern der, der sich am besten seiner Umgebung anpasst und ins Ganze einfügt (fit = geeignet, passend).

Man kann nämlich dazu passend auch ganz andere Dinge in der Natur beobachten. Kennst du die Pflanze Myrmecodia? Sie wächst in Australien und Südostasien in Baumwipfeln und im botanischen Garten München hoch oben unter der Gewächshausdecke. Wie kommt sie in dieser luftigen Höhe an Nährstoffe? Einfach aber genial: Ihr knollenartiger Wurzelstamm bildet Höhlengänge, in denen sich Ameisen ansiedeln. Und die Abfälle der Ameisen dienen der Pflanze als Nährstoffe. Das ist die perfekte Kooperation.

Stell dir vor, eine Myrmecodia würde sich zu fürchten beginnen, dass im Zuge eines neuen Grundeinkommens alle gezwungen wären, im Ameisenhaufen zu leben. Absurd. Das geht gar nicht und will auch keiner. Ameisen werden nie – wie die Myrmecodia – kopfüber von Bäumen herunterhängen wollen. Und wenn du der Myrmecodia-Typ bist, der Höhlengänge bereitstellt, dann erwartet die Natur ganz sicher umgekehrt auch nicht von dir, das Leben einer Ameise zu führen. Sie erwartet möglicherweise jedoch von uns allen, die überholten Vorstellungen vom Gesetz des Stärkeren fallen zu lassen. Denn wenn die angeblich stärkere Myrmecodia die Ameisen alle auffressen würde, würde sie selbst nicht mehr überleben können.

Im Leben der Menschen ist es häufig genauso: Wenn wir nur noch Managertypen hätten, weil das die Starken sind, wer würde dann noch irgendeine Arbeit ausführen? Wir brauchen starke und schwache Menschen, verschiedene Typen, Menschen mit unterschiedlichen Begabungen. Wir brauchen die Vielfalt. Kooperation statt Gesetz des Stärkeren, nutzt diese Vielfalt.

Genauso eindrücklich ist das Beispiel vom Rochen und seinen Putzerfischen. Rochen fressen kleine Fische und Putzerfische sind kleine Fische. Aber warum fressen Rochen keine Putzerfische? Weil diese sie putzen – ist doch klar. Die Rochen warten in einer Warteschlange, bis sie an der Reihe sind. Wenn es dann losgeht, öffnen sie weit ihr Maul und die Putzerfische schwimmen rein und säubern die Zähne. Niemals würde der Rochen nun sein Maul schließen, um sich zu sättigen, denn er will ja schließlich wiederkommen zum Putzen! Natürlich werden auch die Schuppen gründlich gesäubert. Danach ist der nächste dran. Das nenne ich Synergie!

Das Gesetz des Stärkern ist offenbar nicht überall vorherrschend und das zeitgemäßere Gesetz lautet möglicherweise: »Kooperation von allen zum Wohle aller, inklusive der Natur!«

Extratipp zum sinnvollen Umgang mit Neid:

Du kannst andere Menschen dabei unterstützen, das Eigene im Leben zu finden. Das müssen nicht dieselben sein wie die, die so missgünstig sind. Das wäre ja unnötig mühselig und auch unsinnig.

Neidmenschen lassen sich nicht so leicht besänftigen, die fordern nur immer mehr, wenn man ihnen auch noch entgegenkommt. Lass das nur lieber gleich bleiben.

Nein, ganz anders: Such dir nette, positive und aufstrebende Menschen in deiner Umgebung und hilf diesen, sich selbst zu verwirklichen. Die Freude dieser Menschen wird einen energetischen Schutzwall gegen den Neid der anderen um dich herum aufbauen[7].

7 Rettung in letzter Not: Angenommen du bist schon krank und du hast es im großen Zeh, dass eins deiner größten Probleme das ist, mit Neid, Missgunst und Gier in deinem Umfeld nicht fertig zu werden. Dann findest du Adressen von Heilern (z.B. von dem auf dessen »Heilung von Neid-Seminar« ich mit meinem Mann war) auf meiner Homepage. Siehe Anhang.

Was und wie einkaufen?

Für etwas, nicht gegen etwas kaufen oder spenden

Wenn du etwas einkaufst oder insbesondere Geld spendest, spende wo immer möglich *FÜR* etwas und nicht *GEGEN* etwas.

Beispiel: Du hast von Vandalismus in einer Schule in deinem Ort gehört und möchtest dort etwas unternehmen. Mit dem Gedanken, Maßnahmen *GEGEN* den Vandalismus zu finanzieren, kommen dir vielleicht als Erstes Ideen wie Wachposten aufzustellen oder Therapiestunden in dieser Schule einzuführen.

Mit der Grundhaltung, etwas *FÜR* mehr Freude am Schulmobiliar und dem Gebäude und *FÜR* mehr respektvollen Umgang damit zu tun, entstehen vermutlich ganz andere Ideen.

Es gibt Architekten, um nur eine Möglichkeit zu nennen, die Schüler in die Planung ihrer eigenen Schule mit einbeziehen. An manchen Schulen gibt es beispielsweise Klassenhäuser mit Klassenzimmer, Flur, Garderobe und WC in jedem Haus. Und jede Klasse darf vor Baubeginn selbst entscheiden, wie ihr Klassenhaus gebaut werden soll. Einzige Vorgabe: Neun mal vierzehn Meter muss das Ganze haben.

Klar, dass da die Identifikation mit den Schulgebäuden sehr hoch ist und sie entsprechend gepflegt werden. Selbst nachfolgende Schülergenerationen identifizieren sich noch mit solch einer Schule und der Vandalismus bleibt aus. Ähnliches kann man mit von den Schülern selbst ausgewähltem Mobiliar erreichen. Solche Ideen entstehen, wenn man *FÜR* statt *GEGEN* denkt.

Noch ein Beispiel: Es führt auch zu anderen Ergebnissen, ob du für dich persönlich für oder gegen etwas einkaufst. Kaufst du gegen das Krankwerden oder für Gesundheit ein? Für Gesundheit zu investieren stimmt auf jeden Fall fröhlicher und bringt ebenfalls andere Ideen.

Ich weiß von einem Ehepaar aus Sao Paulo in Brasilien (gute Bekannte von meinen Eltern), die sehr reich sind und sich nur in alten vergammelten Jeans und einer Schrottlaube von Auto in die Stadt zum Einkaufen trauen, um nicht überfallen zu werden. Ich war übrigens selbst einmal in Sao Paulo. Die Ortsansässigen rieten mir, mich auf jeden Fall von der Polizei fernzuhalten, denn das seien die Schlimmsten!

Jedenfalls kann es auch ziemlich frustrierend sein, wenn man ein schönes Auto und schöne Kleidung hat, es aber in der Stadt nicht nutzen kann, weil man etwas GEGEN die vielen Diebe tun muss. Mehr Spaß könnte aufkommen, wenn man FÜR das Abenteuer eines Inkognito-Ausfluges denkt! Am Schluss ist es vielleicht das Gleiche, aber es fühlt sich anders an.

Fazit: *Nicht gegen Frust, innere Leere und mögliche Gefahren einkaufen, sondern für das erfüllende Lebensgefühl und für das, was man erreichen möchte.*

Schönheit oder echten Nutzen statt Status kaufen

Der Unterschied ist von außen mitunter schwer zu erkennen. Aber wenn du einen Moment innehältst und auf dein Herz lauschst, dann kennst du den Unterschied ganz genau. Kaufst du ein Kleid oder einen Anzug beispielsweise, weil es schön ist – und es ist halt zufällig auch teuer – oder kaufst du es, weil irgendein superteurer Designername drinsteht – und so gut gefällt es dir eigentlich gar nicht?

Sei es dir wert darauf zu achten, dass du in Schönheit oder echten Nutzen statt in Status investierst. Das gilt insbesondere für Männer.

Der Nobelpreisträger Muhammad Yunus von der Grameen-Bank beispielsweise gibt fast nur Frauen Kredite und hat damit mehr als 10

Millionen Familien geholfen, aus der Armut und in den Mittelstand aufzusteigen. Als ich bei ihm in Bangladesh war, wollte ich wissen, warum Männer bei ihm kein Geld bekommen. Er sagte mir, dass, bevor er mit seiner Bank anfing, Frauen in Bangladesh Geld noch nicht einmal anfassen durften. Gerechtigkeit war ihm ein Anliegen und deshalb vergab er zunächst 50 Prozent der Kredite an Frauen und 50 Prozent an Männer. Die Frauen investierten in ihr neues Geschäft und in die Ausbildung der Kinder. Sie bauten Häuser und Schulen und bezahlten ihre Kredite immer zurück. Bei den wenigen Ausnahmen hatte der Ehemann das Geld genommen und war damit abgehauen. Die Männer hingegen gaben das Geld für Statussymbole aus und zahlten es fast nie zurück. Das veranlasste Yunus sehr bald, Kredite für Männer grundsätzlich aus seinem Programm zu streichen.

Ich wollte wissen, worauf er das Verhalten der Männer zurückführe. Ob das etwas mit den Traditionen in Bangladesh zu tun habe, dass die Männer so auf Status fixiert seien und darüber alles andere vergäßen. Er sah mich an, als wäre ich offensichtlich noch ein wenig dumm und unerfahren (mag ja stimmen) und antwortete ganz gelassen: »Nein, das ist weltweit so.«

Dies die Worte eines Mannes. Ich gebe sie nur weiter.

Wenn du also ein Mann bist und eine gescheite Frau hast, dann lass sie dein Geld mitverwalten und frag sie öfter mal um Rat, bevor du den zwanzigsten Ferrari kaufst. Vielleicht hätte sie eine Idee, die dir längerfristigere Befriedigung verschafft, als der Kauf noch so eines Wagens.

Oder wenn du keine gescheite Frau hast, frag eine nette Freundin aus dem Millionärsclub. Sie berät dich sicher auch gerne mal.

Und wenn du ein Mann von der Weisheit Muhammad Yunus' bist, dann darfst du dein Geld weiterhin selbst ausgeben ☺.

Das ist dann nämlich die zweite Möglichkeit: Beides, weibliche und männliche Anteile, in sich selbst zu kultivieren, dann entsteht Balance von innen heraus. Muhammad Yunus sagte mir, es gäbe sehr wenig Männer mit dieser Qualität in Bangladesh, aber die bekommen dann doch auch Kredite bei ihm.

Für Frauen gilt das genauso. Die müssen zum Training, um ihre männlichen Anteile ebenfalls leben zu können, nur dann gibt es Geld von der Bank.

Kauf dir Zeit für dich selbst

Du definierst dich über das, was du hast und tust und du wirst definiert über das, was du hast und tust. Ehrlich, das ist ein Albtraum. Wann hast du Zeit, mal einfach nur zweckfrei zu *sein*? Ein Organ oder ein Muskel, den man nicht nutzt, verkümmert. Dein Muskel für den Genuss des reinen Seins verkümmert ebenso, wenn du dich nur über das Haben und Tun definierst. Investier mehr Geld ins Delegieren von Aufgaben und übe dich im reinen Sein. Inneren Reichtum erwirbt man weder im Haben noch im Tun!

> *Innerer Reichtum hat etwas damit zu tun, sich selbst in seinem innersten Wesenskern zu spüren und es genießen zu können.*

Es geht darum, deine tiefste Sehnsucht zu finden und ihr nachzugehen. Wie findet man seine tiefste Sehnsucht? Mach dir eine lange Liste von allen Dingen, die du dir noch wünschst. Für dich, deine Kinder, die Welt und überhaupt. Frag dein Herz. Und dann stell dir vor, alles wäre erfüllt. Wie würdest du dich dann fühlen? Das, was du dir eigentlich wünschst, ist das Gefühl, glücklich zu sein – genau dieses Gefühl hinter deinen Wünschen. Und das hat bei jedem verschiedene Facetten. Manche wünschen sich hinter allen zum Teil abstrusen Wünschen eigentlich immer wieder nur das Gefühl, frei zu sein. Andere suchen Verbundenheit oder Weite, wieder andere Rückkehr in die Einheit. Was auch immer, schau einfach mal rein bei dir selbst.

Investiere in deinen Geist

> *»Die Schönheit der Dinge liegt im Geist, der sie wahrnimmt.«*
> David Hume

> *»Sieh das Schöne in der Welt und du findest Ruhe in deinem Herzen.«*
> Unbekannt

> *»Aus kleinen Dingen Freude zu gewinnen, ist eine Kunst, die wenige beherrschen.«*
> Brasilianisches Sprichwort

Du übst dich doch auch geschäftlich gerne in Künsten, die wenige beherrschen. Da solltest du doch auch die Kunst aus dem brasilianischen Sprichwort hinbekommen, oder?

Mein Tipp an alle Einkommensklassen: So wenig wie möglich Weltnachrichten am frühen Morgen oder kurz vor dem Einschlafen. Das sind eher Momente für schöngeistige Dinge. Zeitung lesen können die meisten immer noch in der Mitte des Tages. Du hypnotisierst dich negativ, wenn du als Erstes nach dem Aufstehen und als Letztes vor dem Schlafengehen allgemeine Katastrophennachrichten hörst, liest und siehst. Investier in deinen Geist und pflege ihn mit schöngeistigen, konstruktiven und bewusstseinserweiternden Dingen – vor allem morgens und abends.

Wenn du beruflich wissen musst, was vor sich geht, dann stell dir zwei Voraus-Leser an. Warum zwei? Weil du gerade erkannt hast, dass du es dir selbst nicht antun willst. Daher solltest du es auch keinem anderen antun. Also nimm nicht dieselbe Person für morgens und abends, sondern zwei verschiedene. Lass sie alles querlesen und das für dich Wichtige zusammenfassen. Damit bist du auch informiert, hast aber die Dosis stark reduziert!

Kauf dir, was dich selbst ausdrückt und nicht, was die Erwartung anderer erfüllt

Geh mal durch deine Wohnung und spür in alles rein, was da so herumsteht! Welches Gefühl hast du dir insgeheim damit gekauft? Welches Gefühl hat dir der Gegenstand im Moment des Kaufes gegeben? Warum hast du ihn wirklich gekauft?

Eigentlich sind wir stets auf der Jagd nach Glücksgefühlen, auch wenn wir es nicht bewusst merken. Und beim Einkaufen sind wir in Wahrheit genauso nur bemüht, uns Glücksgefühle zu beschaffen. Welche Art von Glücksgefühl haben dir deine Einkäufe beschert? Welches Gefühl kaufst du am häufigsten? Freiheit, Anerkennung, Sicherheit, Geborgenheit, Ästhetik?

So eine Reise durch das eigene Haus kann spannend werden. Wenn du wirklich ehrlich mit dir selbst bist, findest du heraus, was du alles für dich und was für die Erwartungshaltung anderer gekauft hast. Bewusstmachung ist der erste Schritt, um künftig neu zu wählen.

Lebenslust statt »Lebensunlust« kaufen

Man kann in eine Situation geraten, in der man für die »profanen« Dinge des Lebens keine Zeit mehr hat. Sprich, man hat einen Koch, eine Haushälterin, einen Gärtner und einen Sporttrainer, der joggen geht, während man selber vom Schreibtisch aus zusieht – oder so ähnlich. Zeitmangel, Bequemlichkeit, Luxus lauten die offiziellen Begründungen. Es kann sich dahinter aber auch Lebensunlust unterschiedlichen Grades verstecken.

Denn trotz aller geistigen Höhenflüge sind wir auch noch Menschen mit einem vergänglichen Körper, der genährt werden möchte. Und diesen Körper nähren neben der bekannten Bewegung an der frischen Luft eben auch genau jene profanen Dinge wie Garten umgraben, aufräumen, kochen, »schaffe, schaffe, Häusle baue«, tapezieren und so weiter. Alles in Maßen und in einer stressfreien Dosierung versteht sich.

Waren wir nicht als Heranwachsende alle rasend begeistert davon, selbst alle die Dinge zu tun, die ein menschliches Leben eben ausmachen: Bauklotztürme bauen, sich selber an- und ausziehen, auf dem Puppenherd Löwenzahnsuppe kochen, mit viel Kleber und Papier das erste Flugzeug bauen, die ersten Samen selbst züchten etc. Da waren wir noch voller Lebenslust, als wir all diese Dinge gerne taten.

Heute lassen wir, wenn wir es uns leisten können, gerne alles mit dem Leben Verbindende andere machen und beschränken uns darauf zu reden, zu reden und noch mal zu reden und zwischendrin ganz viele E-Mails zu beantworten. Eventuell kaufen wir daher nur mehr Lebensunlust ein, wenn wir auch am Sonntag kochen und aufräumen lassen, anstatt eine Kultur der Freude am Selber-Tun zu entwickeln.

Fühl mal in dich rein, was die organische, physische Natur deines Körpers davon hält, wenn du keine dieser profanen Tätigkeiten mehr selbst ausübst (falls das bei dir der Fall sein sollte)? Womöglich hat sie den Eindruck, dass du keine Lust auf eben dieses profane Leben mehr hast und womöglich zieht sie sich genau deshalb immer mehr zurück. Und du wunderst dich, was für seltsame Krankheiten man als scheinbar ganz normaler Mensch so alles haben kann. Das ist dann womöglich nichts anderes als eine Reaktion der Seele auf den Rückzug aus einem Körper, der am normalen Leben nicht mehr teilnimmt.

Unsere Körper wollen das ganz normale Leben spüren und sie wollen daran teilnehmen. Das heißt, sie wollen mal im Dreck wühlen, buddeln und schwitzen. Sie wollen mal ein Großreinemachen selbst erledigen und die Befriedigung des sichtbaren Erfolges erleben.

- ☆ Wenn du sehr viel im Büro sitzt, dann kann es ein Tipp sein, öfter mal ganz bewusst Energie in deinen physischen Körper zu schicken, in die Organe, Zellen und alles, was dir einfällt.
- ☆ Wenn du jemanden in den Arm nimmst, stell dir vor, dass nicht nur das Gefühl genährt wird, sondern dass auch alle

deine Organe, alle Zellen und der ganze physische Körper auftanken.

- ☆ Wenn du spazieren gehst, stell dir bei jedem Schritt vor, wie jede Zelle die Verbundenheit mit der Natur und der Erde genießt.
- ☆ Senke öfter mal deine Aufmerksamkeit aus dem ewig ratternden Hirn hinab ins Herz, aber auch in den ganzen Körper und tu bewusst profane Dinge mit Freude, damit dein Körper noch spürt, dass du gerne in ihm lebst. Umso gesünder wirst du sein.

Folgst du Kaufimpulsen, um Stille zu vermeiden?

Wenn du dich dabei ertappst, dann geh bewusst erst recht in die innere Stille und beobachte dich selbst dabei. Und wenn es nur eine halbe Stunde ist, die du still in der Natur sitzt. Stille hat regenerierende Kräfte.

Meditation definiert sich übrigens nicht notwendigerweise dadurch, dass man nichts mehr denkt, sondern dadurch, dass man bewusst seine inneren Prozesse beobachtet, ohne sie zu bewerten. Einfach nur, um sich selbst tiefer kennen zu lernen.

Je öfter man so in der Stille mit sich selbst ist, desto mehr wächst die Fähigkeit, spontan Freude zu empfinden.

> *»Unsere größten Erlebnisse sind nicht unsere lautesten,*
> *sondern unsere stillsten Stunden.«*
> Jean Paul

Investiere in die Einheit von Körper, Geist und Seele

Für viele Workaholics (Arbeitssüchtige) ist der Körper nur dazu da, den Kopf spazieren zu tragen. Investiere gleichmäßig in Körper,

Geist und Seele – vor allem Zeit. Hast du mal Roger Federer (Nummer Eins der Tennisweltrangliste) beim Spiel beobachtet? Sein Spiel sieht nach einer großen Leichtigkeit aus. Seine Gegner rackern sich ab und kommen genau deshalb nicht an ihn ran. Wenn du in Körper, Geist und Seele gleichzeitig investierst, kannst du auch in so einen *Flow* für dein Leben kommen: Was immer du tust, ist dann nicht nur finanziell erfolgreich, sondern durch die Anbindung an das, was ich den *Flow* (Fluss der Energie, Anbindung an die Seele) nenne, wird es auch erfüllend und nährend im Emotionalen.

Investiere in Ganzheitlichkeit

Ein Kopf ohne Füße kommt nirgendwo hin. Und andererseits: Die Füße ohne den Kopf und dessen Qualitäten würden sich ständig verlaufen oder gegen alle möglichen Hindernisse rennen. Solltest du dich innerlich zerrissen fühlen oder unfroh, dann hast du irgendeinen Teil von dir nicht mitgenommen. Geh ihn wieder suchen: Mit Herz, Verstand und den Füßen. ☺

Auch bei finanziellen Investitionen macht es auf Dauer mehr Spaß, ganzheitlich zu denken. Die FAZ schrieb dieser Tage »Je reicher, desto moralischer«. Sehr reiche Investoren würden öfter darauf achten, beispielsweise in keinen Staaten zu investieren, die Kinderarbeit zulassen, dass keins ihrer Unternehmen auch nur eine Schraube für den Waffenbau liefert oder dass ihr Geld nicht in Firmen geht, die krebserregende Mittel nutzen. Aber ingesamt läge der Anteil von Investoren mit ethischen Ansprüchen beim Investment im Promillebereich. Vielleicht könnten wir den Anteil etwas anheben?

Leiste dir glückliche Kunden

Ein erfolgreicher Unternehmer sagte mir mal vor Jahren, dass man es sich leisten können müsse, für den Kunden und nicht gegen ihn zu arbeiten. Als er als junger Mann anfing, habe er dem Kunden auch öfter mal Dinge aufgeschwatzt, die möglichst teuer für den Kunden und möglichst einträglich für ihn gewesen seien. Da ging es für ihn noch ums Überleben. Aber seit der Laden laufe, müsse er sich schließlich auch darum kümmern, dass er sich gut fühle bei der Arbeit. Und heute könne er es sich ja schließlich leisten, dem Kunden von teuren Dingen abzuraten, wenn sie nicht wirklich optimal für den Kunden seien. Wenn der Laden erst mal laufe, würde das langfristig auch noch weit mehr Kunden bringen als das Abzock-Verhalten.

Da kenne ich mehrere, die genau das bestätigen. Auch einige aus meiner Zielgruppe, die seit dem Weihnachtssingen aufgetaucht sind.

Wie schaut es bei dir aus? Fühlst du dich gut damit, wie du deine Arbeit machst und bei dem, was du deinen Kunden lieferst? Macht es Spaß, bringt es dir Verbundenheit mit deinen Kunden und neue Freunde oder bringt es ausschließlich Geld?

Spenden aller Art

Auch spenden will gelernt sein. Oft ist es so, wenn ein Projekt oder eine Gruppe von Menschen mit Geld umgehen könnte, bräuchten sie die Spenden eventuell gar nicht. Trotzdem gibt es viele sinnvolle Dinge, die man auf der Welt unterstützen kann. Nur: Steckt man mehr als sein Geld rein, nämlich die eigene Nase und etwas Zeit, dann kann sich herausstellen, dass es mit der sinnvollen Nutzung manchmal nicht allzu weit her ist. Vielen tollen Projekten muss man daher meinem Eindruck nach neben dem Geld, auch einen Top-Projektleiter mitgeben, sonst wird nicht viel daraus.

Hilfsorganisation für Jung-Spender

So etwas gibt es tatsächlich. Diese Zusatz-Info erreichte mich kurz vor Ostern 2007. Natürlich ist diese Hilfsorganisation (Sozialstiftung Silicon Valley Social Ventures SV2) in Silicon Valley entstanden, denn dort leben viele der neuen Internetmillionäre. Das Internet hat es erstmals möglich gemacht, dass junge Leute noch mit unter 30 Jahren an selbstverdiente Millionen gelangen.

Und die Junior-Rockefellers, wie die Zeitschrift *Der Spiegel* sie nennt, investieren nicht nur Geld, sondern auch Zeit. Ich war begeistert, als ich das las. Was ich mir vorstelle, gibt es offenbar schon. Einfach nur einen Scheck zu überreichen reicht diesen Jung-Spendern nicht mehr. Sie arbeiten aktiv mit und erhöhen durch den Einsatz ihrer kreativen Kräfte und Fähigkeiten die Effizienz der Projekte ungemein. Und sie wissen, was gebraucht wird, denn sie investieren hauptsächlich in Gesundheit und Bildung, Natur und Umwelt, Forschung und Technologie.

Das ist sicherlich eine gute Entscheidung. Vielleicht können wir aber auch noch einen Punkt mit dazu nehmen und in Bewusstseinserweiterung – oder noch viel besser – in Bewusstseinssprünge investieren und in Persönlichkeitsentwicklung.

Charles Darwin sagte über das Auge, dass es sich nicht entwickelt haben könne, sondern plötzlich, in einer Art Evolutionssprung, aufgetreten sein müsse. Denn entweder man kann sehen oder man kann es nicht. Das Sehen kann sich nicht langsam entwickelt haben.

Genau das brauchen wir auf der Welt meines Erachtens gerade auch: Einen Evolutionssprung im Bewusstsein! Und was dann möglich ist, das versuche ich gegen Ende dieses Buches in Verbindung mit meinem Besuch bei Thomaz Green Morton in Brasilien zu sagen:

Alles ist möglich und nichts ist zu spät. Erlaube dir ab und zu experimentierfreudig wie ein Kind und unperfekt zu sein.

Gründe beispielsweise einen Männer-Koch-Club oder einen Frauen-Fußball-Club. Je weniger die beteiligten Männer kochen und die beteiligten Frauen Fußball spielen können, desto besser. Wenn du ein Mann bist und super kochst, dann denk dir etwas anderes aus. Einen Nähclub oder sonst etwas.

»*Schön ist alles, was man mit Liebe betrachtet*«, sagt Christian Morgenstern. Schön sind aber auch gemeinsame Experimente in freundschaftlicher Runde, denn sie bringen uns die Fähigkeit zu liebevollen Betrachtungsweisen wieder.

Ein Freund von mir hat solch einen Männer-Koch-Club und er sagt, der einzige, der ab und zu etwas nervt, ist der, der richtig kochen kann. Ansonsten ist es immer eine Riesengaudi. Leider nehmen sie keine Frauen, sonst würde ich mitmachen, denn das Kriterium, nicht kochen zu können, erfülle ich ganz hervorragend.

Such dir etwas, bei dem du dir gezielt erlaubst, unperfekt zu sein und daran Spaß zu haben.

Vom Umgang mit beruflich Unfähigen, die einem menschlich am Herzen liegen

Gründe, sie rauszupfeffern

Es gibt immer wieder Leute, die man an Bord seiner Firma auf keinen Fall gebrauchen kann. Sie sind negativ, vom Neid zerfressen, säen Missgunst im Team, überschätzen sich selbst maßlos, betreiben Misswirtschaft sondergleichen und so weiter und so fort.

Das ist etwas, was ich gerade bei einer Freundin sehe. Sie hat zwei Mitarbeiter im Team, die sie aus menschlichen Gründen und weil die das Geld brauchen nicht aussortieren will. Mal versucht sie es mit *Gewaltfreier Kommunikation* (Dr. Marshall Rosenberg, »Gewaltfreie Kommunikation«), mal mit gut zureden, mal mit Coaching. Das Ergebnis: Sie steckt so viel Energie in die zwei Tunichtgute, dass sie mittlerweile das ganze Projekt damit gefährdet. Zum einen investiert sie ihre Energie und Zeit völlig nutzlos – beides verpufft einfach – und zum anderen demoralisieren die zwei das ganze Team und vergraulen Kunden und Lieferanten mit ihrer Neidenergie und Negativität. Wenn sie die zwei nicht bald entweder in den Griff bekommt oder rauswirft, geht der Laden unter, soviel ist sicher.

Ein früherer Kunde von mir (aus meinen Grafikerzeiten) hatte einen riesigen Laden, der supererfolgreich war und bestens lief. Kaum ging er in Rente und übergab dem Sohn das Geschäft, war der Betrieb zwei Jahre später bankrott.

Wenn du siehst, dass jemand mit seiner Energie deinem Betrieb oder deinem Projekt schadet, dann ist es ganz klar, dass du eine geniale Idee zur Integration desjenigen brauchst, so dass er konstruktiver wird oder dass derjenige verschwinden muss, bevor die ganze Firma daran zugrunde geht. Oder er muss einen Posten bekommen, wo er weniger Schaden anrichten kann, auch wenn er das nicht so einfach einsehen sollte.

Es ist ja auch ein Unterschied, ob man im Laienverein Fußball spielt oder in der Bundesliga. Beim Fußball würde auch keiner diskutieren, ob man einen Hobbyspieler in die Bundesliga aufnehmen muss, weil der sonst traurig ist oder weil er das Geld braucht. Im Unternehmen ist es ähnlich: Man braucht andere Mitarbeiter, wenn man auf »Bundesliga-Niveau« spielen will. Und wer den Anforderungen nicht entspricht, kann dem Ganzen genauso schaden wie ein schlechter Spieler in der Nationalmannschaft.

Außer man spielt nicht auf Sieg, sondern auf »Freude am Sein«! Dann kann ein gewisser Prozentsatz Unfähiger locker verdaut werden, solange es Menschen sind, die man gerne um sich hat. Das muss man beobachten, mit wie vielen Unfähigen man »Freude am Sein« spielen kann, so dass der Betrieb trotzdem gut überlebt. Vielleicht ist das sogar das das bessere Spiel?! Du entscheidest.

Unternehmertum mit Herz – die andere Möglichkeit

Eventuell ist das sogar eine ganz andere Möglichkeit. Wenn man nämlich Unternehmertum mit Herz betreibt, kann man als Nebenwirkung ganz andere Qualitäten aus manchen Mitarbeitern herausholen, als zunächst anzunehmen wäre. Und auf einmal steigt der Umsatz noch, wie das?

Ein Probeleser erzählte mir neulich eine Geschichte über einen Unternehmer, der jahrelang unbedingt Millionär werden wollte. Er hatte sich abgerackert, die Mitarbeiter angestachelt, wo es ging, aber mit den Millionen ging trotzdem nichts. Bis zu dem Tag, an dem er es aufgab und neu anfing. Er sagte sich: »Jetzt interessiert mich nur noch Lebensqualität für alle: für mich, für die Mitarbeiter und für die Kunden.« Wenn ein Kunde etwas haben wollte, das es bei der

Konkurrenz besser gab, dann schickte er den Kunden dorthin. Er hatte den Film »Das Wunder von Manhattan« gesehen und trainierte sogar seine Mitarbeiter daraufhin, den Kunden zu informieren, wo es was am besten gab, wenn er es selbst nicht beschaffen konnte.

Seine Mitarbeiter – so die Geschichte – hätten ab dem Moment mindestens das Doppelte geleistet, die besten Leute der Konkurrenz hätten dort gekündigt und bei ihm angeheuert und die Kunden wären geströmt. Und auf einmal wurde er doch noch Millionär. Und dadurch, dass die besten Fachkräfte im weiten Umkreis eh bei ihm waren und das Team auf einmal hochmotivert war, konnte er auch eine »Lusche« behalten. Der Typ sei zwar mit vielem überfordert gewesen, aber andererseits habe er auch eine Katalysatorfunktion im Unternehmen gehabt. Er habe immer alles gewusst und alle darüber informiert. Zuvor hatte er gemeint, dass dieser Typ ihn zu viel Geld kostet, weil er keine erkennbare Leistung zeigte. Jetzt hatte er ihn aus Spaß an der Freud' behalten und stellte dabei noch fest, dass es gar nicht schlecht ist, so ein lebendiges Informationssystem im Haus zu haben.

Wolfgang Berger ist überzeugt, dass dies in allen Unternehmen möglich ist: Mehr Gewinn durch »Business Reframing« und durch mehr Zufriedenheit der Mitarbeiter. Er beschreibt viele wertvolle Beispiele in seinem gleichnamigen Buch und hat auch eine Website dazu. Seine Kunden müssen nicht unbedingt den Umsatz erhöhen. Es reicht, die Menschlichkeit innerhalb der Firma zu erhöhen, dann erhöht sich automatisch der Gewinn.

Die Dinge ändern sich, wenn du die Energie änderst. Man kann also nicht pauschal sagen, dass »Unfähige« sofort rausfliegen müssen.

Die Fragen, die du dir stellen kannst, lauten:

- Spiele ich auf Sieg oder Lebensfreude?
- Wie gerne würde ich als Mitarbeiter in meinem eigenen Unternehmen arbeiten? Wie viel würde ich hier leisten wollen?
- Wie viele »Sozialarbeitsplätze« kann und will ich mir leisten?

Wenn es viele unfähig erscheinende Mitarbeiter sind, dann könntest du dich fragen, ob es an der Grundstimmung im Unternehmen liegt. Wenn ja, dann werden einfach nur neue Leute das Problem nicht lösen. Und wenn du sicher bist, dass du an jemandem keine Freude mehr hast, dann lass ihn los, ohne Gewissensbisse. Vielleicht findet er woanders einen Platz, wo er mehr willkommen ist. Es ist Unsinn, etwas aufrecht zu erhalten, was keinem der Beteiligten mehr so richtig gut tut.

Nachfolger-Flaute

Schwierig wird es auch, wenn ein erfolgreicher Unternehmer sein Unternehmen weiterverkauft und der Nachfolger entpuppt sich als überfordert. Je näher man dem Gipfel kommt, desto dünner wird die Luft. Es gibt nicht mehr viele, die überhaupt in der Lage sind, ein Unternehmen erfolgreich zu führen. Das kann daher leicht passieren.

Einer der seit dem Weihnachtssingen plötzlich aufgetauchten Millionäre hat gerade schlaflose Nächte, weil sein Nachfolger, dem er sein Unternehmen verkauft hat, dieses gerade im Turbotempo ruiniert. So wie auch der Sohn aus dem Beispiel weiter oben den Betrieb des Vaters ruinierte.

Das ist aber dennoch kein Grund, dass du so ein Unternehmen behältst, wenn du weißt und fühlst, dass jetzt andere Projekte bei dir dran sind. Wenn du eine Firma gegen dein innerstes Wissen und gegen den Ruf deiner Seele weiterführst, wirst du sowieso nur krank und von unter der Erde kannst du die Firma schließlich auch nicht weiterführen!

Wenn du alles tust, um die Firma gut zu verkaufen und gut zu übergeben, solltest du ganz bewusst auch damit abschließen und deine Energie dort rausziehen. Du bist nicht Mama oder Papa für alle Angestellten dieser Firma und verpflichtet, ihnen diese Stelle lebenslang zu erhalten, selbst noch nach Verkauf der Firma.

Wobei du sicher genau wie ich genügend Firmenchefs kennst, die sich zu wenig um eine gute Nachfolge kümmern und denen das Wohl des Ganzen komplett egal ist, sowie andere, die sich zu viel darum kümmern und sich selbst fertig machen damit. Wie immer liegt die Kunst darin, die für einen selbst stimmige Mitte zu finden.

Nun gibt es natürlich noch den Fall, dass jemand seinen Laden verkauft, aber im Vorstand oder Aufsichtsrat bleibt, Anteile behält etc. Auch da würde ich mir gut überlegen, ob und wann das stimmig ist und aus welcher Motivation heraus du das tust. Alles ist Energie, und du hast in jeder Firma, in der du einen Posten innehast, einen Teil deiner Energie.

Fühle einfach nur ehrlich in dich rein:

- Warum mache ich das?
- Wie fühlt es sich an?
- Wie geht es mir wirklich damit?
- Und wie viel Energie habe ich wirklich für das alles zur Verfügung?

Gründe, Unfähige zu behalten

Angenommen du hast jemanden, der, egal wie die Energie im Unternehmen ist, immer noch den ganzen Verkehr aufhält, alle nervt und so weiter. Ein Extremfall quasi. Komischerweise scheinen die meisten so jemanden in der Familie zu haben. Selbst meine Au-pairs, die alle aus Dritte-Welt-Ländern kommen, berichten oft von so einem Extremfall in der Familie. Und bei denen kommt dann automatisch die Familie dafür auf.

Also für den Fall, dass du auch so einen Extremfall hast und er dir warum auch immer am Herzen liegt – es ist ein Verwandter oder sonst was: Der geschäftlich »Unfähige« (ich meine Leute, die in Posten sitzen, für die sie wirklich und echt keine Fähigkeiten besitzen – natürlich sind sie in ganz anderen Lebensbereichen trotzdem fähig und vielleicht sogar sehr fähig) ist ja trotzdem ein Mensch und irgendwelche Qualitäten hat er immer. Vielleicht keine teamfähigen oder geschäftlichen, zumindest nicht an seinem gegenwärtigen Posten, aber menschliche sicher.

Du kannst mit so jemandem privat den Weg weitergehen und privat all das auskämpfen, was du der Firma nicht mehr zumuten willst. Es könnte beispielsweise auf der Herzebene weitergehen, aber auf der geschäftlichen nicht. Wahrheit ist zumutbar und du kannst das demjenigen so sagen. Wenn er dann nichts mehr mit dir zu tun haben will, o.k. Aber vielleicht versteht er ja, wovon du redest.

Manch einer hat Verwandte, die er auf keinen Fall in seiner Firma sehen möchte, aber vielleicht kann man toll mit ihnen gemeinsam die Seele baumeln lassen und Karten spielen oder sonst was. Kein Grund, sie fallen zu lassen, nur weil sie geschäftliche Nieten sind und du sie aus deinen Geschäften raushalten willst.

Oder du gibst ihnen eine zweite Chance an einer Stelle, an der sie weniger Unfug anrichten können. Es gibt vereinzelte Lebensgemeinschaften auf unserem Planeten, die jedem das Recht geben, bei ihnen mitzumachen, auch wenn derjenige so geartet ist, dass er den Betrieb ständig aufhält und das Zusammenleben für alle erschwert. Mensch ist Mensch und hat ein Recht, menschlich behandelt zu werden, lautet dort die Devise.

Diese zweite Chance muss ja nicht unbedingt in deinem Unternehmen sein. Ich spreche auch nicht von der Möglichkeit, denjenigen bei einem unliebsamen Konkurrenten einzuschleusen. Sondern dass du – wenn es eben jemand ist, der dir am Herzen liegt – eine geeignete Tätigkeit für denjenigen erfindest. Lass dir was einfallen. Gründe zur Not einen gemeinnützigen Verein, so dass du die Ausgaben wenigstens absetzen kannst. Bei dem Typus, den ich da gerade so im Kopf habe, ist es allemal billiger, sie für Geld irgendwo irgendwas wursteln, als sie selbst nur Briefmarken in deinem Unternehmen stempeln zu lassen (und ich rede hier nur von diesem Typus, nicht von harmlosen Fällen). Es gibt Leute, die stören einfach an jedem Posten, weil sie ein geheimes Selbstsabotageprogramm laufen haben, das auf ihr gesamtes Umfeld übergreift. Die bräuchten eigentlich eher eine Therapie als einen Arbeitsplatz, aber das wollen sie meist nicht wahrhaben.

In meinem Bekanntenkreis gibt es noch das Modell, dass einige reich Gewordene ärmere Verwandte mit einem Grundeinkommen von 1.000 bis 1.500 Euro im Monat ausstatten. Einfach um ihnen ein Leben in Würde zu ermöglichen, egal wie beruflich unfähig – oder in manchen Fällen auch einfach lustlos – sie sein mögen. Das gefällt mir einerseits gut, da ich sowieso ein Fan der Idee des Grundeinkommens für alle bin. Aber bei Letzterem bekäme jeder das Geld vom Staat und nicht von einem Bekannten oder Verwandten, den er persönlich kennt und höchstwahrscheinlich beneidet.

Denn der Undank der mit diesem Grundeinkommen Versorgten ist immer wieder phänomenal. Statt sich zu freuen, nörgeln die, dass es einfach nur unglaublich ist. Zum einen ist es nie genug, was sie bekommen und obendrein spotten sie über das Leben ihres Sponsors: Der Depp, was arbeitet der immer so viel, guck doch nur wie blöd, jetzt arbeitet er auch noch am Wochenende, das würde ich doch alles ganz anders machen, der hat ja keine Ahnung etc. Sie können einfach nicht ihrer eigenen Wahrheit ins Gesicht sehen und kompensieren ihre Komplexe mit Geschimpfe gegen den, von dem sie das Geld bekommen. Wenn der nicht so leben würde, wie er lebt, könnte er ihnen schließlich auch kein Geld geben.

Ehrlich gesagt würde ich das so nicht machen. Das käme mir vor, als würde ich demjenigen noch die Energie geben (in Form von Geld), die er dann gegen mich verwendet (in Form von Neid, Schimpfen, Spotten). Es stimmt so einfach nicht für mich. Mein Vorschlag, wenn du in so einer Situation sein solltest, dass du jemanden grundversorgen willst, der sich aber nur vor Undank überschlägt: Sorge dafür, dass derjenige dir Respekt entgegenbringt oder gib ihm gar nichts.

Wie kannst du das tun? Lass ihn Sozialarbeit machen, die du bezahlst. In der Altenpflege z.B. ist nie genug Zeit für die zu Betreuenden, da ist sicher und überall Bedarf. Du kannst ja einen gemeinnützigen Verein gründen, der mobil zwischenmenschliche Unterstützung für Bedürftige anbietet. Alleine dadurch, dass derjenige etwas leisten muss für das Geld, wird er automatisch mehr Respekt *vor sich selbst* und damit auch vor dir haben.

Das ist nämlich in Wahrheit das ganze Geheimnis: Der Beschenkte greift dich sowieso nur an, weil er keinen Respekt mehr vor sich selbst hat, wenn er von »Almosen« lebt. Er verdrängt dieses Gefühl und richtet es gegen dich. Gib ihm seine Selbstachtung wieder und es wird – zumindest relativer – Frieden herrschen.

Wie du wann die richtige Entscheidung für dich selbst findest

Das ist ganz einfach. Lass dir nie – womöglich aus Gewissensbissen, weil du reicher bist – die Wahrheit von jemand anderem aufschwatzen! So etwas passiert in Familien und den darin vorherrschenden emotionalen Verstrickungen dauernd in meinem Umfeld. Das erhöht aber nur die Verstrickungen und löst keine Probleme. Ich denke, es kann immer nur darum gehen, dass du deine Wahrheit herausfindest und lebst.

Frage dich also einfach:

Welche Lösung fühlt sich in diesem Fall gut für mich an?

Den Betreffenden

- rausschmeißen oder
- irgendwie integrieren oder
- extra Job, z.B. soziale Tätigkeit für denjenigen erfinden
- oder die Energie im Unternehmen ändern
- oder mehr Herz in die gesamte Unternehmensstruktur bringen und prüfen, ob sich dadurch vieles zum Positiven entwickelt
- entscheiden, ob du auf Sieg im Leben und im Unternehmen spielst oder auf »Freude am Sein«.

Speziell die letzte Frage kann man sich öfter stellen. Manchmal ist es toll, ein paar Jahre lang auf Sieg zu spielen und irgendwann langt es. Lass dir nichts von anderen erzählen, wie es zu sein hat. Finde nur immer wieder neu für dich heraus, wo du gerade stehst im Leben und was in jedem Fall wieder neu das ist, womit es dir gut geht. Völlig egal, ob die Entscheidung dann irgendwer versteht oder nicht.

Das ist das Einzige was du machen musst. Herauszufinden, mit welchem Angebot du dich gut fühlst! Wenn du ein schlechtes Gefühl dabei hast, jemandem einfach so zu kündigen, dann frage nicht ihn, was er will, oder gar die Gesellschaft, was angeblich anständig ist. Frage nur dich selbst, welches Angebot *du* demjenigen gerne machen würdest. Punkt und fertig. Und dann wirst du ja sehen, ob derjenige es annimmt oder nicht.

Vielleicht nimmt er es nicht an und du kannst es nicht fassen, wie jemand eine derartige Chance fallen lassen kann. Noch dazu, nachdem du so viel Zeit, Energie und Mitgefühl hineingesteckt hast. Lass dich nicht stören. Meine Erfahrung ist, dass kurz darauf jemand anders auftaucht, der genau dasselbe braucht und der das Angebot mit großer Freude und Dankbarkeit annimmt. Und du freust dich jedes Mal, wenn du denjenigen siehst und was er aus diesem Posten macht.

Es ist nichts umsonst, was man in reiner Absicht und mit einer guten Energie anfängt. Das ist meine Überzeugung. Und: Das Leben zahlt es dir zurück in seiner eigenen Währung, die nicht immer Geld ist, sondern manchmal Glück, Freude, Gesundheit und Ähnliches.

Dagegen: »Das kann ich doch nicht machen, was werden die anderen sagen, wenn Großmama das wüsste, alle werden wieder sagen, wie böse und herzlos ich bin, und ich kann es nicht mehr hören« – das ist Selbstverleugnung. Sie führt dazu, dass das Leben dieselben Qualitäten (Verlust von Glück, Freude, Gesundheit) von dir als Bezahlung dafür fordert, dass du nicht deine eigene Wahrheit lebst.

Wie man Geld verschenkt: Schwierig, aber möglich

Selbst wenn du Freunde oder Verwandte haben solltest, denen du zutraust, mit Geld umgehen zu können (nicht sehr wahrscheinlich, aber »geben tut es alles«, gerade unter den Verwandten könnte ja jemand das richtige Gen haben, um es zu schaffen) und denen du gerne etwas abgeben möchtest, dann wirft das sofort nicht nur obiges Problem des Almosens und des dadurch sinkenden Selbstwertes auf. Sondern, wenn du demjenigen einfach so ein paar Millionen oder auch nur eine Million rüberschiebst, macht sich sofort eine Energie von Befangenheit breit. Möglicherweise ist sogar Schluss mit jeder echten Freundschaft, weil derjenige sich abhängig fühlt oder meint, lebenslänglich dankbar sein zu müssen.

Das wollen wir natürlich nicht haben, dass sich das Verhältnis verschlechtert, befangener oder unnatürlicher wird. Sozialarbeitseinsätze in entsprechenden Einrichtungen zu bezahlen, wie im letzten Kapitel vorgeschlagen (d.h. derjenige übernimmt ehrenamtliche Dienste und du bezahlst ihn dafür) ist nur eine Möglichkeit. Aber es gibt ja tonnenweise Dinge, von denen es schön wäre, wenn sie auf der Welt vermehrt getan würden. Beispielsweise Coachings und Selbstfindungsseminare für Obdachlose, Jugendliche, Arbeitslose, Menschen in Dritte-Welt-Ländern etc. zu geben.

»Hilf mir, es selbst zu tun« ist ein zentrales Motto der Montessori-Schulphilosophie. Und: »Was man nicht kann, muss man lehren, danach kann man es«, ist ein weiteres Geheimnis des Lebens. Schick doch den zu Beschenkenden raus, um genau das zu lehren, was er selbst am dringendsten lernen muss, deinem und/oder auch seinem eigenen Eindruck nach. Und zwar in Bevölkerungsschichten, die es noch weniger können als er selbst. Und dafür bezahlst du ihm, was immer du willst.

Du kannst demjenigen sagen, dass du entdeckt hast, dass Geld spenden alleine nicht viel bringt und deshalb spendest du jetzt eben Trainings für Bedürftige und bezahlst die Trainer. Es kann trotzdem noch eine Schwierigkeit auftreten. Wenn du der Boss deiner Verwandten und Freunde bist, dann kommt das auch schon wieder nicht gut, weil schon wieder ein Abhängigkeitsverhältnis auftritt.

Aber auch dafür habe ich eine prima Lösung: Tu dich mit ein paar Freunden zusammen und sprecht euch ab. Du stellst die verarmte Cousine deines Geschäftskollegen an und er nimmt dafür deinen Neffen. Damit ist das Problem gelöst. Der zu Beschenkende kann nicht in Dauerdankbarkeit verfallen, weil er ja arbeitet für sein Geld und er kann sich auch nicht von dir abhängig fühlen, denn du bist ja nicht der Boss! Dass eventuell du deinen Neffen bezahlst und er seine Cousine, auch wenn es anders aussieht, das muss ja keiner wissen. Und wenn sie womöglich in etwa dasselbe bekommen sollen, dann ist es ja eh egal.

Die eleganteste Technik bei Menschen, die ihren Lebensinhalt und ihre Berufung gefunden haben, aber nicht oder noch nicht viel Geld damit verdienen, ist natürlich, sie unauffällig dabei zu unterstützen, selbst beruflich erfolgreich zu werden. Das ist auch ein wichtiger energetischer Meilenstein im Klassiker »Das Gesetz des Reichwerdens« von Wallace Wattles, um sich den eigenen Reichtum zu erhalten: »Hilf anderen dabei, ebenfalls reich zu werden.«

Aber diese Technik kennst du sicherlich schon. Sie funktioniert meist nicht bei Leuten, die ihre Berufung noch nicht kennen oder grundsätzlich nicht an Karriere interessiert sind. Trotzdem kann es ja sein, dass du so jemanden gut versorgt wissen möchtest. *Die Gesellschaft als Ganzes braucht auch Menschen, die gut darin sind, die Seele baumeln zu lassen oder die einfach nur als Katalysator im generellen Informationsaustausch dienen. Und sie braucht meines Erachtens auch*

Menschen, die Zeit und Geld genug haben, um ihre Persönlichkeit weiterzuentwickeln. Das auf diesem Gebiet Erreichte springt irgendwann auch auf die Workaholics über und formt neue Verhaltensmuster in der Gesamtbevölkerung. Persönlichkeitsentwicklung ist also ein wichtiger Job.

In »Star Trek – das neue Jahrtausend« haben sie das gut erkannt. Da wacht in einer Folge ein über die Jahrhunderte Eingefrorener wieder auf und seine erste Frage gilt seinen Aktienpaketen. Dass es so etwas nicht mehr gibt und dass es auch Armut und Krieg auf dem Planeten nicht mehr gibt, sondern dass sich die Menschen stattdessen der Weiterentwicklung ihrer Persönlichkeit widmen, kann er lange nicht begreifen.

Witzig fand ich auch Folge 1: Da bezeichnet eine außerirdische, anorganische Lebensform die Menschen als »hässliche Wassersäcke« (weil wir zu etwa 90 Prozent aus Wasser bestehen, sagen sie) und sagt, wir seien ihnen zu primitiv. Die Menschen könnten vielleicht in 300 Jahren mal wieder vorbeikommen, wenn sie ihren Charakter und ihre Persönlichkeit weiter verfeinert hätten.

Das wäre somit auch noch eine Idee, wenn es um Spenden an Verwandte und Freunde geht. Stell die Bedingung, dass sie zuvor ein von dir ausgesuchtes Seminar zur Persönlichkeitsverfeinerung als Teilnehmer besuchen. Geld gibt es erst danach. So kann man Abgestürzte motivieren, mal wieder an sich selbst zu arbeiten. Und sie müssen ja nicht. Die Betreffenden werden zwar vielleicht auf mich schimpfen und sagen, ich stifte euch zur Erpressung an, aber um es mal mit den Worten meines Stiefvaters zu sagen: »Manchen Leuten kann man einfach kein Geld geben, wenn man schon vorher weiß, sie werfen es zum Fenster raus. Lieber werfe ich es in meinen Gartenteich, dann kann ich es wenigstens noch schwimmen sehen!«

Ich finde es daher völlig legitim, Geld nur unter der Voraussetzung zu verschenken, dass du ein gutes Gefühl dabei hast. Und sonst gibt es eben nur Futterpakete statt Geld. Dann weißt du wenigstens, wofür das Geld eingesetzt wird.

Ausgleich von Geben und Nehmen

Inzwischen haben die ersten Mitglieder der Zielgruppe das Manuskript gelesen und es kommt eine Menge an Feedback und interessanten Inputs. Im Folgenden gebe ich ein Gespräch wieder, das zwei Damen während einer Einweihungsfeier führten, zu der sie mich eingeladen hatten.

Die eine Dame erzählte, dass eine Verwandte sich immer alles Mögliche von ihr ausleihe und immer ganz erstaunt tue, wenn es dann um die Rückgabe ging: »Ach, ich dachte, das hättest du mir geschenkt?« Sie käme auch regelmäßig angedackelt und wolle Geld. Einfach so. Sie zahlt nie einen Cent zurück und hat einfach die Grundhaltung: »Du bist reich, ich bin arm, also her damit.«

Die andere Dame riet daraufhin der Ersteren, dass sie diese Unterstützung besser lassen solle. Worauf die Erste wieder meinte: »Ja aber es ist doch nun mal eine Verwandte. Ich kann sie doch nicht einfach hängen lassen.«

»Wenn du ihr gegenüber verantwortungsbewusst handeln willst, dann erlaubst du ihr nicht, Dinge von dir zu nehmen, ohne einen Ausgleich zu schaffen! Die ganze Natur basiert auf Ausgleich. Wenn du deiner Verwandten Dinge oder Geld gibst ohne einen Ausgleich, dann sackt sie immer tiefer in den Mangel und in die Armut hinein. Und du bist mitverantwortlich daran. Wenn du so weiter machst, landet die irgendwann im Offenbarungseid.«

»Versteh ich nicht.«

»Wenn man einfach nur Geld in Entwicklungsländer schickt, nutzt es auch nichts. Damit verstärkt man nur die Korruption. Das Einzige was hilft ist Hilfestellung zur Selbsthilfe zu geben!«

»Hhhm.«

»Je öfter diese Verwandte Dinge von dir leiht und nicht zurückgibt, desto mehr wird das in ihrer Ausstrahlung spürbar. Ihre innerste Natur kann sie nicht belügen. Die weiß, sie hat etwas genommen, ohne einen Ausgleich zu geben. Das muss ja nicht Geld sein. Aber irgendetwas. Und wenn sie dann auch noch immer wieder Geld fordert, ohne einen Ausgleich zu schaffen, wird sie mit jeder Gabe nur noch mehr ins Mangelbewusstsein und ins Armutsbewusstsein hineinsacken. Da bist du mit schuld. Diese Ausstrahlung vom fehlenden Ausgleich manifestiert sich in ihrem ganzen Leben. Das Leben selbst ist dann bestrebt, ihr all das wieder wegzunehmen, was sie von dir ohne Ausgleich genommen hat. Und zwar weil das Leben bestrebt ist, den Ausgleich von Geben und Nehmen wieder herzustellen. Ich sage dir, du reitest die immer tiefer rein.«

»Aber was soll ich denn tun?«

»Stell sie vor die Alternative, einen Ausgleich zu schaffen oder sie bekommt nie wieder etwas. Und leihe ihr keine Gegenstände mehr, die du noch haben möchtest. Sag ihr klipp und klar die Wahrheit warum!«

Ein interessantes Gespräch, oder? Die betreffende Dame (die schlaue) ist übrigens auch begeistert von der Idee des Grundeinkommens, aber für sie ist das Wichtigste dabei, dass der Erhalt eines solchen Grundeinkommens immer mit gewissen Pflichten innerhalb der Gemeinschaft verbunden ist. Und wenn es nur 3 Stunden Straßenkehren pro Woche oder sogar pro Monat ist.

Sie sagt: »Es taugen doch meist auch nur diejenigen Politiker etwas, die unten angefangen haben. Am besten als Arbeiter. Dann kennen sie wenigstens das Volk, das sie regieren sollen. Wer nur vom Väterchen von A bis Z durchfinanziert direkt von der Uni in die Politik übersiedelt, kann da nichts wirklich Gutes bewirken. Weitaus seltener zumindest. Ich bin überzeugt, unsere Politik würde sich zum Guten wandeln, wenn auch die Politiker und reiche Industrielle genauso drei Stunden pro Monat Gemeinschaftsdienste zu erfüllen hätten: Straße kehren, Altenpflege, Essensausgabe in der Obdachlosenhilfe etc. Das würde die allesamt erden und heilen.«

Tolles Statement, fand ich.

Zwei weitere Probeleser der Zielgruppe erzählten mir nach der Lektüre der ersten Rohfassung noch Folgendes: Sie würden privat grundsätzlich nicht einen Cent verleihen. Denn wenn derjenige es dann nicht zurückzahlen könne, sei die Freundschaft dahin. Das muss noch nicht mal sein, weil der Verleiher dem ärmeren Freund Vorwürfe macht, sondern der gerät vor lauter schlechtem Gewissen in solche Abwehrmechanismen rein, dass er mitunter sogar aggressiv reagiert, wenn er seinem reicheren Freund nur auf der Straße begegnet.

Einer der beiden erzählte mir, dass die Frau seines verstorbenen langjährigen Freundes mit ihrem Geschäft baden ging und eine größere Summe von ihm geliehen habe wollte. Er sei tagelang ratlos gewesen und habe sich nachts schlaflos im Bett gewälzt deswegen. Schließlich habe er sie angerufen und gesagt, dass Geld zu verleihen die Freundschaft kaputtmache. Er wolle ihr deshalb nichts leihen, denn die Beziehung zu ihr sei zu wertvoll dafür. Er würde ihr aber gerne einen geringeren Betrag schenken, das heißt, er würde ihn niemals zurückhaben wollen.

Auf dieses Angebot habe sie zunächst sauer reagiert, sich schließlich aber doch bedankt und es angenommen. Heute ginge es ihr wieder gut, sie habe eine Geschäftspartnerin gefunden und neu angefangen und er und sie hätten wieder ein ungetrübtes Verhältnis. Das Interessante sei gewesen, dass seit diesem Fall niemand mehr versucht habe, Geld von ihm zu leihen. In dem Moment, in dem er das klar für sich hatte, war es anscheinend auch klar für das Außen. Und wenn er privat jemandem helfen möchte, dann tut er es aus eigenem Antrieb und seitdem nur noch in Geschenkform.

Genauso verfährt auch der zweite erwähnte Probeleser. Es wird nichts verliehen, sondern allenfalls verschenkt. Es führe meist zu nichts Gutem, wenn man derselben Person öfter Geld schenken würde, meinte er. Diese Regelung dürfte eigentlich nur für Einmalgeschenke gelten. Er sei aber – wie er mir sagte – eindeutig schuldig im Sinne dieser Anklage, denn er verwöhne seine Kinder und Enkel allesamt zu sehr, was selbige natürlich verführt, mit wenig ernsthaftem Einsatz für sich selbst zu sorgen. Er schimpft dann zwar immer, aber am Schluss zieht doch wieder die gesamte Sippschaft mit all seinen verfügbaren Barschaften in der Hosentasche ab. Und sie kommen wieder, wenn sie das nächste Mal knapp bei Kasse sind, was nicht lange dauern kann. Wenn er jünger wäre, dann würde er die Idee mit den Sozialprojekten als Gegenleistung ernsthaft erwägen, aber so wird es wohl bleiben wie gehabt.

Giovanni, einer der Probeleser, die ich zur Rohfassung des Buches interviewt habe, sagte mir: »Wenn du einem Angler zu oft Fische schenkst, lernt er nie das Angeln. Eigentlich ruinierst du damit sein Leben.«

Das erinnert mich an Indien. Mein Mann und ich waren im Jahr 2000 für drei Wochen in einem Ashram zu Besuch (ich bin niemandes Anhängerin, ich bin nur ewig neugierig und schau mir alles gerne an). Dort herrschte striktes Almosenverbot. Der Guru sagte uns, dass die deutschen Touristen anfangs den armen Nachbarn des Ashrams öfter mal Geld gegeben hätten. Typischerweise hätten diese bei einer Gabe von 5 Euro sofort aufgehört zu arbeiten. Erst einen Monat später, wenn das Geld aufgebraucht war, seien sie wieder an ihrem Arbeitsplatz aufgetaucht. Der war aber inzwischen vergeben. Wutentbrannt habe dieser Nachbar dann an die Ashramtore gedonnert und mehr Geld gefordert. Der Guru hatte deshalb eine Spendenorganisation gegründet und empfahl auch andere Organisationen, von denen er wusste, dass sie die Verhältnisse im Land kennen und Hilfe zur Selbsthilfe geben, statt das Leben der Leute mit dem Geld endgültig zu ruinieren, weil diese damit nicht umgehen können.

Verschenken kann auch Vertrauen ins Leben geben

Wie immer im Leben trifft keine Regel immer und überall zu. Manchmal gilt auch das Gegenteil: Eine Freundin von mir hat mir erzählt, dass ihre Oma ihr früher immer wieder einfach so Geld zugesteckt hat. Und zwar für ihre damaligen Verhältnisse sogar relativ viel. Das hatte zweierlei Folgen. Zum einen konnte sie sich mehr von der Welt ansehen, an mehr Fortbildungen und Projekten teilnehmen, als sie es ohne Omas Spenden gekonnt hätte. Zum anderen erzeugte dieses Verhalten der Oma aber auch ein Gefühl von Fülle in ihr. Sie vertraute seitdem irgendwie dem Leben. Es würde immer an Omas Stelle treten (die Oma ist längst tot) und sie immer versorgen, wenn es gerade nötig ist.

Und nach ihrem Glauben ist ihr geschehen. Als sie mit ihrem Mann anfing, ein eigenes Haus zu bauen, war eigentlich gar kein Geld dafür da. Aber kaum fingen die beiden an, ergaben sich ungeahnte Einkommensmöglichkeiten von den unterschiedlichsten Seiten. Die zwei haben nicht nur ihr Haus wunderbar ganz nach ihrem Geschmack hinbekommen. Es ist sogar seit Fertigstellung schuldenfrei. Und als sie anfingen, hatten sie nichts.

Sie sagt, so gehe das bei ihr eigentlich immer. Und sie ist überzeugt, diesen Samen und dieses Vertrauen ins Leben hat die Oma in ihr gesetzt.

Wir haben ein zweites befreundetes Ehepaar, das eigentlich dauernd genau das Gleiche berichtet. Die beiden haben ein Grundvertrauen in die Fülle des Lebens, und wann immer sie größere Beträge extra brauchen, schneien die von irgendwo herein. Einmal fiel eine unerwartete große Reparatur am Haus an. Aber just in dem Moment tauchte jemand mit einem guten Geschäftstipp auf, der in kürzester Zeit genau den für die Sanierung nötigen Betrag einbrachte.

Jetzt habe ich von einem seit Weihnachten aufgetauchten Zielgruppenmitglied den Eindruck, dass er seine Kinder künstlich superkurz hält. Aus Angst heraus, sie könnten verwöhnt oder größenwahnsinnig werden. Aber nachdem, was er so erzählt, überspannt er den Bogen ein wenig. Die Kinder machen mir den Eindruck von Menschen im Mangelbewusstsein. Und das bei steinreichen Eltern! Ob das sinnvoll ist? Und was die wohl in ihrem Leben daraus machen werden?

Mir scheint, dass es ein Geschenk ist, jemandem ein Gefühl von Vertrauen in die Fülle des Lebens zu geben, wenn es jemand ist, der das verträgt und wenn gleichzeitig die Wertschätzung für selbige Fülle gepflegt wird.

Ich selbst hatte auch so eine Tante, ohne die ich heute nicht Autorin wäre. Sie war mit der ganzen Familie verkracht. Aber wir beide hatten dieselben Interessen und immer ewig viel zu bereden.

Sie war der Meinung, ich müsse dringend ein paar gute Seminare besuchen, ein bisschen um die Welt reisen und interessante Menschen kennen lernen. Und damit ich das auch sicher tue, hat sie das meiste davon bezahlt. Inklusive Anfahrt und Unterkunft. Das war der Anfang meiner diversen Selbsterforschungs- und Welterforschungsreisen zu Heilern, Gurus, spirituellen Lehrern, Persönlichkeitstrainern etc. Ich habe durch sie die ganz Genialen genauso kennen gelernt wie die ganz Verrückten. Das hat mir irgendwann einen super Überblick verschafft und die Fähigkeit, ziemlich genau zu unterscheiden, was mir gut tut und was nicht. Und auch die nötige Erfahrung, um zu bemerken, wann ein ehemals Guter anfängt abzudrehen. Das ist besonders wichtig in der spirituellen Szene. Meine Tante meinte, ich müsste alles kennen, um Bodensicht bewahren zu können. Also hat sie es bezahlt.

Eine ihrer Begründungen, in mich zu investieren war, dass ich weder rauche noch Alkohol trinke und somit genau der Gruppe von Menschen angehöre, in deren Selbstentfaltung sie gerne investieren wolle. Sie fand, das diene dem Wohl der Allgemeinheit. Wobei die Allgemeinheit sicherlich geteilter Meinung ist über das, was ich so alles zu Papier bringe …

Aber sie hat auf diese Weise eben ihre Wahrheit gelebt und ich lebe auf meine Weise meine Wahrheit. Und es stimmt. Bei mir ist das Gleiche passiert wie bei meiner Freundin: Mit einem Zusatzeinkommen versorgt zu sein, hat ein Gefühl von finanzieller Zuversicht in mir erzeugt.

Nun habe ich recht häufig gemeint: Ich habe viel geschenkt bekommen, das Leben war immer großzügig zu mir, also warum nicht auch großzügig zu anderen sein? Vielleicht tut es ihnen genauso gut? Das habe ich allerdings oft zu undifferenziert gesehen. Vor vielen Jahren habe ich einmal meine Urlaubsrücklagen verschenkt, weil ich meinte, der andere braucht es dringender. Und rate was: Ich saß brav zu Hause, während in genau meinen ursprünglich geplanten Urlaubswochen die andere Person von meinem Geld in Urlaub fuhr, anstatt sich ums Geldverdienen zu kümmern oder ihre Schulden zu bezahlen.

Das ist mir noch öfter passiert und ich übe immer noch, das in Balance zu halten und richtig einzuschätzen. Einmal hat mir doch glatt so eine Schote ins Gesicht gesagt: »Ach weißt du, ich mag mich da jetzt nicht drum kümmern. Und irgendwie war es bisher auch immer so, dass sich das doch alles von alleine geregelt hat … « Sprich, dass irgendein Dummer es für sie bezahlt hat.

Bei anderen Leuten wiederum habe ich wirklich auch das Gefühl, es dient dem Wohl des Ganzen, sie zu unterstützen. Meinem Wohl dient es auf alle Fälle, weil es sich gut anfühlt und Spaß macht. Und die Personen, die ich hier auf der positiven Seite im Auge habe, machen mir nie im Allergeringsten den Eindruck, neidisch oder sonst wie missgünstig oder negativ zu sein. Das ist ganz offensichtlich eine Sache des Charakters. Manchen fällt eine solche Möglichkeit (neidisch zu sein gegenüber Leuten, die sie unterstützen) einfach gar nicht ein.

Es gilt also mal wieder: Nicht eine Lösung ist immer richtig. Sondern: Nimm dir Zeit und fühl genau hin, was deine Wahrheit ist und was du in wen gerne investieren möchtest oder eben nicht. Verleih nicht mehr, als du zur Not auch gerne verschenkst oder verschenk es gleich. Und nimm dir auch die Zeit und den Raum, um den Beschenkten hin und wieder ein wenig zu beobachten, wie er oder sie mit dem geschenkten Geld umgeht. Dann hast du die besten Anhaltspunkte, ob es Spaß macht, diesem Menschen Geld zu geben oder nicht.

Fühl immer wieder in dich rein:

Wie war es letztes Mal, als ich dieser Person etwas gegeben habe?

Habe ich das Geld gern gegeben?

Was ist daraus geworden?

Tue ich es gerne?

Wie wirken sich die Geldgeschenke auf unser Verhältnis aus?

Was ist wirklich stimmig für mich im Umgang mit dieser Person?

Wie geht es mir mit der Situation?

Beispielsweise hatte ich früher mal eine Untermieterin, die ab und zu nicht die Miete zahlen konnte. Ich habe sie ihr immer gerne gestundet. Denn wenn sie wieder flüssig war, dann zahlte sie mir meist nicht nur die fehlenden Monate nach, sondern manchmal die nächsten drei Monate noch im Voraus gleich dazu. Und das mit einer Freude und einem Stolz, endlich alle Mietschulden begleichen zu können, dass es auch mir Freude machte. Ich habe nie gejammert, wenn sie wieder was nicht zahlen konnte. Wenn ich es ihr hätte schenken müssen, hätte ich es gerne gemacht, weil ich das Gefühl hatte, sie besitzt eine große Wertschätzung dafür. Und sie war immer bemüht, den richtigen Weg im Leben für sich zu finden und es hat mir Freude gemacht, ihr bei ihrem Einsatz zuzusehen, auch wenn der gelegentlich etwas unlukrativ war.

Meine Wahrheit war: Der hätte ich es gerne geschenkt.

Und so muss man in jedem einzelnen Fall neu seine eigene Wahrheit herausfinden und das erfordert, sich Zeit und Raum zu geben, die eigenen Gefühle jedes Mal neu zu erforschen.

Rote Linien überqueren

Viele, und da rede ich jetzt keineswegs nur von Milliardären und Millionären, sticht schon der Hafer und sie merken, ihr bisheriges Leben befriedigt sie nicht mehr. Aber aus Angst vor dem Neuen, das sie noch nicht sehen und spüren können, und vor allem vor der Zeit des Übergangs klammern sie sich nach wie vor an das Alte. Und das wiederum nimmt so viel Zeit und Energie in Anspruch, dass kein Raum bleibt, aus dem heraus Neues entstehen könnte.

Viele Menschen dröhnen sich zu mit Beschäftigungen aller Art und finden dadurch nicht in die eigene Tiefe. Man muss kein Millionär sein, um Panik vor innerer Leere zu haben, aber der Unterschied ist für Millionäre oft besonders groß. Man fährt nicht von 10 auf Null, sondern von 1000 auf Null. Man ist natürlich auch energetisch noch viel zugedröhnter, wenn man pro Tag hundert Kontakte hält statt nur fünf. Oder wenn man zehn Firmen, zwanzig Vorstandsposten und vier Exehefrauen oder -männer hat statt jeweils nur einer Verpflichtung.

Für den Normalbürger ist jeder Jobwechsel eine große Herausforderung. »Werde ich es schaffen?«, fragt er sich. Das brauchst du dich schon länger nicht mehr zu fragen. Im Jobwechsel ist für dich meist kein echtes Abenteuer mehr zu holen, wohl aber in der entgegengesetzten Richtung: Im vogelfrei Sein und nichts Tun – wovon der Durchschnittsbürger träumt: »Ach, wäre ich doch Privatier, wie wäre es schön.« Doch das ist für viele von denen, die es problemlos sein könnten, oft die größte Horrorvorstellung. »Wer bin ich denn dann noch, wenn ich nicht das und das tue?« Wer bin ich – ganz ohne Reizüberflutung, ohne Partys, ohne das »Um-die-Welt-Düsen«, »wichtige« Leute treffen und den ganzen Kram??!

Der größte Teil der Menschheit tendiert zum Phlegma und dazu, sich nicht über die rote Linie nach oben zu trauen. Da wird geredet und geredet, was man nicht alles Tolles tun könnte, und getan wird meist gar nichts. Ich kenne Hundertschaften von Leuten, die auf jeden Fall auch mal irgendwann ein ganz wichtiges Buch schreiben werden. Seit Jahren sagen sie das. Und ich frage mich gelegentlich, ob sie dieses oder ihr übernächstes Leben meinen ... (Wobei wir nicht wirklich unter einem Mangel an Büchern leiden. Pro Jahr werden allein in Deutschland zirka 70.000 neue Bücher veröffentlicht, und ich kann es auch noch immer nicht lassen.)

Auf meinen Seminaren begegnen mir Leute, die sich selbst verwirklichen wollen und sich nicht trauen. Menschen, die mal etwas ganz anderes im Leben ausprobieren wollen und es sich, wenn es ernst wird, dann doch nicht zutrauen. Wieder andere, die endlich öfter mal vor die Tür gehen wollen, um neue Leute kennen zu lernen und dann doch mit dem Bier vor der Glotze hängen bleiben.

Das sind in der Regel alles keine Probleme, die Millionäre haben. Nach oben gibt es keine rote Linie. Deine rote Linie führt nach unten. Stundenweiser Verzicht auf roten Teppich unter den Füßen löst bei manchen schon Entzugserscheinungen und Panikattacken aus. Aber das hundertste Luxushotel ist genauso langweilig wie das zweihundertste und das dreihundertste. Es prickelt nicht mehr. Prickeln würde es unten, haha!

Achtung Prickelalarm: In der Schlichtheit kannst du dich wieder spüren – wenn du dich zu Ausflügen über die rote Linie nach unten traust.

Mein Eindruck ist, dass wir als Menschen nicht glücklich sind, wenn wir nicht ab und zu mal eine rote Linie im Leben überschreiten und uns gelegentlich etwas trauen, was uns nicht ganz leicht fällt. Der Normalbürger wird durch Kündigungen, Pleiten und Ähnliches öfter mal gezwungen, über rote Linien zu gehen. Dich zwingt das Leben seltener von außen. Denk einfach drüber nach, ob dir das gut tut oder ob es dir nicht auch manchmal schadet. Wo wäre es eventuell gut, mal wieder auszuprobieren, wie es jenseits so einer roten Linie aussieht?

Nur ein Beispiel dazu: Mein Mann und ich waren vor sechs Jahren einige Wochen in einem Ashram in Indien. Das war eine ehemalige Zementfabrik mit einer dünnen Liegematte pro Zimmer und ansonsten gähnender Leere. Selber putzen durfte man auch. Und wenn man aufs Klo wollte, musste man sein Klopapier selbst mitbringen, denn es gab keins. Aber das war nicht das Schlimmste dabei. Man durfte das benutzte Papier weder ins Klo werfen (Verstopfungsgefahr wegen zu enger Leitungen), noch es dort lassen. Es gab nämlich keine Abfalleimer, denn in der Hitze hätten die sofort allerlei Insekten angezogen. Sprich, man musste das benutze Klopapier wieder mitnehmen in einer Tüte oder sonst was. Mann, bzw. Frau, war ich froh, als ich das erste Mal wieder ein Klo mit Spülung benutzen konnte. Ich habe es regelrecht geliebt! Wann hast du das letzte Mal Wertschätzung für dein Klo empfunden?

Das kann richtig klasse sein, mal über solche roten Linien zu gehen und für eine Weile einen gewissen Luxusentzug zu praktizieren. Alles, was dich jetzt langweilt, erscheint dir danach einfach wundervoll.

Vorschlagsliste für Ausflüge über die rote Linie nach unten

☆ Mach doch mal tage- oder wochenweise ehrenamtliche Sozialarbeit in einem Heim oder Krankenhaus deiner Wahl. Altenpflege beispielsweise wirkt sehr erdend. Das meine ich jetzt nicht ironisch. Neben den Putz- und Waschdiensten kannst du den Alten auch einfach positive wahre Geschichten vorlesen. Die meisten freuen sich sehr über so etwas. Und was meinst du, wie anders für dich die Welt aussieht, wenn du da nach einer Woche wieder herauskommst! Um das Programm komplett zu machen, würde ich für die eine Woche (oder gerne auch mehrere Wochen) eher in eine Dienstwohnung ziehen als in ein Luxushotel. Je schlichter, desto besser. Einfach damit du mal eine andere Perspektive vom Leben hast.

☆ Und wenn du ganz wagemutig bist, wiederholst du das Experiment in verschiedenen Bundesländern, in anderen Ländern überhaupt oder gleich auf verschiedenen Kontinenten. Danach kannst du vermutlich auch ein Buch schreiben über diese besondere Art der Weltreise. Es hätte bestimmt eine Riesenauflage.

☆ Waisenheime weltweit, Jugendheime hier oder anderswo, oder auch gerne was Extremes wie Spezialkliniken, psychiatrische Abteilungen etc., falls dort auch Kurzzeit-Aushilfen willkommen sind. Aber auch eine Woche ehrenamtliche Fabrikarbeit oder Fließbandarbeit ist interessant, ohne Witz. Habe ich alles schon ausprobiert. Allein die Gespräche der Leute dort lehren eine Menge über allzu menschliche Probleme jeder Art. Oder morgens um fünf in der Bäckerei Brot backen und es danach ausfahren. Eine Woche lang.

Alles was möglichst weit weg von deinem gewohnten Leben und am anderen Ende möglicher Lebensstile liegt und was völlig ungewohnt und unbequem einerseits ist, eröffnet andererseits auch völlig neue Perspektiven und belebt deine Wertschätzung für das, was du hast, ganz enorm.

☆ Visionsreisen mit Übernachtung in der freien Wildnis sind spannend sowie auch manche Selbsterfahrungsseminare. Misch dich unters normale Volk. Und wenn dir dort jemand auf den Keks geht, dann wende das Kapitel »Das Außen im Innen transformieren« aus diesem Buch an. Das ist sehr aufschlussreich und intensiviert ganz ungemein das eigene Empfinden.

☆ Apropos unters Volk mischen. Ich weiß, es ist schauerlich, wenn ein armes Promilein so ganz allein beispielsweise in einer öffentlichen Sauna sitzt. Aber wer sagt, dass du allein gehen musst? Nimm doch fünf bis zehn genauso reiche oder bekannte Persönlichkeiten mit. Und wenn dann einer endlos starrt, dann starrt ihr einfach im Pulk zurück. Wenn es geht mit einer schelmischen und nicht mit einer rachlustigen Energie!!! Oder ihr fangt an, »Om« zu singen, und wenn sie komisch gucken sagt ihr, das sei jetzt »in« im Millionärsclub. Das könnte noch eine lustige Party geben in dieser Sauna!

☆ Oder hilf den Herstellern der Obdachlosenzeitschriften, die es in manchen Städten gibt, diese etwas aufzupeppen, so dass das Lesen interessanter wird (wenigstens mal eine Ausgabe lang oder so).

☆ Oder, oder, denk dir selbst was aus. Eine Woche inkognito in der Fabrik einer deiner Niederlassungen arbeiten; eine Woche bei McDonalds; eine Woche auf einem Bauernhof; etc.[8]

8 Noch ein paar Tipps und was gerade »in« ist, wenn man reif für die Insel ist, sind auf meiner Homepage, siehe Anhang.

Kinder, Kinder

Als ich in Holland in Urlaub war, verirrte ich mich zu einer Art Promifrisör. Wir kamen ins Gespräch (wie üblich beim Frisör) und er erzählte mir eine vogelwilde Geschichte. Er habe da neulich eine 21 Jahre alte Kundin, Typ blonde Barbiepuppe gehabt. Ihre Mutter sei mit ins Geschäft gekommen, habe ihm genaue Anweisungen gegeben, wie er die Haare ihrer Tochter zu schneiden habe und dann sei sie wieder abgebraust.

Als er die Tochter fragte, ob sie nicht alt genug wäre, um selbst zu entscheiden, wie sie ihre Haare haben wollte, antwortete die Tochter, so einfach wäre das nicht. Die Mutter würde ihr jede Woche die Haare auf Lockenwickler drehen, damit es auch so richtig barbiepuppig aussähe. Und wenn sie nicht genau richtig geschnitten wären, dann ginge das eben nicht.

So ganz wollte es der Frisör nicht einsehen und fragte wieder, ob sie denn nicht eigentlich zu alt dafür wäre, sich das so genau diktieren zu lassen. Da kenne er ihre Mutter schlecht, war die Antwort. Sie würde alles dominieren und hätte sich in den Kopf gesetzt, dass die Tochter eben wie eine Barbiepuppe auszusehen und einen entsprechenden Prinzen anzuschleppen hätte. Das ließe sich nur ändern, wenn sie total mit der Mutter brechen würde und dazu fühle sie sich psychisch nicht stark genug. Also lasse sie es lieber. Die Mutter sei ganz einfach unausgefüllt in ihrem eigenen Leben und da müsse wenigstens das Leben der Tochter perfekt sein. Perfekt im Sinne der mütterlichen Vorstellung. Da könne man nichts machen.

Nächstes Szenario: Sohn eines erfolgreichen Schönheitschirurgen. Leider nicht so intelligent wie der Vater. Darf der Sohn, wenn es halt im Oberstübchen nicht reicht, das Gymnasium verlassen, vielleicht an die Realschule gehen oder gar eine Lehre machen? Nein, natürlich nicht. A) kann man mit so einem Sohn nicht angeben und B) wäre Sohni dann ja auch nicht mehr in den eigenen Kreisen akzeptiert. Was wird also getan? Ein Heer von Nachhilfelehrern engagiert und Sohni wird durchgequält durchs Abi – und durchs Medizinstudium gleich ebenso. Ob der mal ein sehr guter Arzt wird? Ich wünsch dir nicht, dass du in die Hände so eines Arztes fällst!

Auch nicht, dass du in die Hände eines auf ähnliche Weise ans Jurastudium geratenen Anwaltes gerätst, dessen Talent für natürliches Rechtsempfinden gegen Null geht und der halt gerade mal eben schlau genug war, sich den Examensstoff reinzupauken, egal ob er irgendein echtes Interesse am Thema hat oder nicht.

Es geht auch anders

Ludger, von dem wir später bei den Interviews noch hören werden, hatte sich ein gut gehendes Unternehmen aufgebaut und die Vorstellung, dass seine Kinder ja seine Gene geerbt hätten und somit seine Fähigkeiten. Wer also könnte geeigneter sein, das eigene Lebenswerk fortzusetzen als die eigenen Kinder?

Die Tochter ist zwar sicherlich intelligent genug, aber leider nicht interessiert genug. »Nee, Papa, das ist nichts für mich«, lautete die traurige Botschaft.

Dem Hoffen auf Sohnemann wurde relativ früh ein Ende gesetzt, denn bereits nach drei Jahren am Gymnasium war klar, dass er an der Realschule mit seinen praktischen Fähigkeiten wohl besser aufgehoben wäre. Ludger verzichtete auf Zwangsbeglückungsmaßnahmen zur Erreichung des Abiturs und ließ den Sohn umsteigen.

Auch nach der Schule wichen die Interessen des Sohnes weit von denen des Vaters ab und er schlug beruflich eine völlig andere Richtung ein.

»Das war schon mit Frust verbunden«, erinnert sich Ludger. »Den eigenen Laden total loslassen zu müssen und ihn nicht den Kindern übergeben zu können. Lange Zeit war ich wirklich traurig darüber. Aber im Nachhinein ist viel Schönes dadurch zurückgekommen. Nämlich das Glück, meine Kinder glücklich sehen zu können. Mein Sohn hat sich inzwischen eine eigene Firma aufgebaut und er macht das hervorragend, ist auch sehr erfolgreich damit – und glücklich. Der wäre in meinem Laden todunglücklich geworden, auch wenn er ihn sicher von den Fähigkeiten her hätte führen können, wie wir ja an seinem eigenen Laden sehen.«

Genauso gibt es aber auch Fälle, in denen die Kinder einfach komplett andere Fähigkeiten haben als die Eltern und den Laden gar nicht weiterführen könnten, selbst wenn sie wollten. Auch von einem solchen Fall wurde mir betrübt berichtet. Die Mutter hatte das Geschäft mit Leichtigkeit und viel Erfolg geführt und der Tochter mit Enterbung gedroht, wenn diese nicht in ihre Fußstapfen trete. Kaum zog sich jedoch die Mutter im Alter aus dem aktiven Geschäftsleben zurück, war der Laden auch schon pleite.

Zurück blieben ein ruiniertes Geschäft und ein ebensolches Leben. Denn ihre wirklichen Stärken und Interessen hatte die Tochter nie auch nur zu entdecken gewagt, geschweige denn gelebt. Vielleicht hätte auch sie mit etwas ganz anderem sagenhaft erfolgreich und/oder glücklich werden können. Dafür war aber leider keine Zeit.

Es geht daher am Schluss immer nur um eine Frage: *Willst du, dass deine Kinder nach deinen Vorstellungen leben, dein ungelebtes Leben für dich leben, dein Geschäft übernehmen, ob sie wollen oder nicht, oder willst du, dass sie ein glückliches Leben führen?*

Die Rechnung, dass sie deine Firma erfolgreich weiterführen und dir dann deine Altersrente aus der Firma zahlen, geht ja nur auf, wenn sie auch wirklich genau deine Stärken und Talente haben. Die Theorie: »Gleiche Gene, gleiche Fähigkeiten« kann man vergessen. Meine Schwester und ich beispielsweise haben so gut wie gar keine

Überschneidungen an Interessen und Fähigkeiten. Das kann dir mit deinen Kindern auch passieren.

Ich schlage vor, wir hören alle auf Ludger (meine Kinder sind erst 5 Jahre alt, aber ich merke es mir schon mal) und vertrauen darauf, dass das Glück der freien Selbstentfaltung, das wir unseren Kindern erlauben, am Ende zu uns zurückkommt.

Trotzdem ist es sinnvoll, die Kinder temporär in alle Bereiche des Lebens hineinschnuppern zu lassen, damit sie selbst sehen und erleben, wie es auf der Welt wirklich aussieht. Bestimmt kennst du auch Menschen, die total überzeugt sind, ihre Sicht der Dinge sei die einzig wahre, einzig mögliche und einzige überhaupt und die keine Vorstellung vom Leben anderer Menschen, Länder und Kontinente haben. Das macht ein bisschen unkreativ. Ich denke, Kinder mal für eine Weile ganz andere Lebensumstände erleben zu lassen erweitert ihren Horizont ungemein.

Wobei das in jeder Richtung gilt oder gelten kann. Eine Freundin von mir beispielsweise hat eine Nichte in Costa Rica. Das Mädchen namens Maria war mit 16 Jahren schon mehrfach von der Schule geflogen, lernte nichts und machte keinerlei Anstalten, irgendetwas aus seinem Leben machen zu wollen.

Als die Großmutter Maria nach Deutschland einlud, unkten alle, dass das Mädchen, wenn es den Lebensstandard hier sehen würde, endgültig keinen Finger mehr rühren würde, denn die Familie meiner Freundin ist recht wohlhabend. Aber das Gegenteil passierte. Sie riss zunächst wie vermutet die Augen weit auf bei dem Wohlstand, der sich da vor ihren Augen ausbreitete. Aber dann sagte die Oma ihr: »Kind, wenn du ebenfalls so leben möchtest, dann musst du etwas aus deinem Leben machen. Du hast genau ein halbes Jahr Zeit hier, lass dir was einfallen.«

Maria ließ sich etwas einfallen. Sie lernte so gut deutsch, als sei sie hier geboren. Dann rief sie die nächsten Verwandten in England an, erzählte ihnen, dass sie gedenke, ihr Leben neu anzugehen, ließ die Großmutter bestätigen, wie gut sie deutsch gelernt habe und dann wiederholte sie dasselbe in einem halben Jahr Englandaufenthalt.

Als Maria zurück nach Hause kam, holte sie das verpasste Schuljahr in den Sommerferien nach und war hinfort Klassenbeste. In allen Ferien arbeitete sie im besten Touristencafe am Ort als Bedienung und strich unglaubliche Trinkgelder ein. Niemand sprach so perfekt deutsch und englisch mit den Touristen wie sie.

Zugegeben, den umgekehrten Fall gibt es öfter: Mädels aus dritte Welt-Ländern, die als Au-pair herkommen, den relativ großen Reichtum hier sehen, dabei völlig den Überblick verlieren und einen Haufen Unfug anstellen. Meine Au-pairs sind bisher alle einigermaßen klar im Kopf geblieben, von kleinen Aussetzern abgesehen, aber was den anderen fehlt, ist nicht der Wille, es richtig zu machen, sondern das Wissen, wie es geht. Man sollte einen Kurs für Au-pairs anbieten, wie sie ihr Leben hier und ihr Leben danach sinnvoll angehen. Denn die es begreifen, die machen es dann auch richtig und bekommen ihr Leben auf positive Weise in den Griff. Ich schenke meinen Au-pairs anfangs ein paar Bücher, von denen ich denke, sie könnten vorbeugend und hilfreich wirken. Und ich unterhalte mich auch darüber mit ihnen.

Umgekehrt kann es ungemein belebend und heilsam auf einen gelangweilten, verwöhnten Teenager wirken, eine Zeit lang in einem Dritte-Welt-Land bei irgendeinem Projekt mitzuarbeiten. Dort nur im 5-Sterne-Hotel zu sitzen, hilft natürlich nicht. Aber was der Mensch möchte, ist, das Gefühl zu haben, etwas Sinnvolles zum Ganzen beitragen zu können. Wem jedwede Tätigkeit hierzulande sinnlos vorkommt, der entdeckt vielleicht schier unbegrenzte neue Möglichkeiten bei Wüstenbegrünungsprojekten und Ähnlichem. Vielleicht sollte man Sohni oder Töchterchen ihr Cabriolet mit Führerschein nicht einfach so schenken, sondern gegen drei Monate Mitarbeit an einem Projekt in einem Dritte-Welt-Land oder dergleichen »aushandeln«.

Marcel Brenninkmeijer, Spross der C&A-Inhaber, sagte in einem Interview bei Spiegel online: »In Äthiopien haben wir ein Dorf mit

Solaranlagen auszustatten geholfen. 1100 Hütten haben jetzt dank 300.000 Euro für 20 Jahre Licht. Ich habe meinen 15-jährigen Sohn dorthin mitgenommen. Das hat ihm die Augen geöffnet: Die Armut sehen und gleichzeitig die Freude und Hoffnung.«

Skandale aufdecken oder im Einheitsbewusstsein auflösen?

Wenn Otto Normalverbraucher seiner Frau zuliebe kirchlich heiraten will, selber aber konfessionslos ist, hat er meist keine Chance. Es sei denn, er spendet einen neuen Kirchturm. In manchen Gemeinden darfst du damit kirchlich heiraten, auch ohne in der Kirche zu sein. Das war schon immer so.

Die Presse liebt es, und mit ihr viele Leser, Skandale aller Art aufzudecken und einen Riesenrummel drum herum zu veranstalten. Dabei werden gelegentlich auch Skandale aufgedeckt, die gar keine sind. Ich lese keine Zeitung und gucke auch keine TV-Nachrichten, aber ich erinnere mich noch, wie vor einiger Zeit Ernst Welteke als Bundesbankpräsident abgesetzt wurde, weil er sich mit seiner Familie vier Tage lang in ein Hotel hatte einladen lassen. Die Sache wurde zu einem Riesenskandal aufgeblasen.

Dieselbe Presse berichtete gleichzeitig darüber, dass im Bankenbereich auch Boni in Millionenhöhe üblich seien. Im Fall Welteke ging es um eine Einladung im Wert von ein paar tausend Euro. Wenn sich trotz vermutlich intensiver Suche nichts Größeres finden ließ, was man ihm hätte anhängen können, dann muss ich sagen, scheint der Mann einer der größten Saubermänner zu sein, die wir hier im Land haben.

Nun schrieen damals natürlich viele nach der Aufdeckung des wirklichen Skandals im Hintergrund (ich glaube, es ging um Gold, frag mich nicht, ich vergesse so was immer gleich wieder). Von Fairplay war da ganz offenbar keine Rede. Allerdings, und da werden sicherlich viele meinen Denkansatz für grundsätzlich falsch halten, aber ich sag es trotzdem – dann haben wir was zum Diskutieren und drüber Nachdenken:

Solange wir alle noch auf dem Rachefeldzug unterwegs sind und Skandale aufdecken wollen, um die darin Verwickelten gehörig bestrafen zu können, was einerseits alles seine Berechtigung haben mag, um andere zu schützen und so weiter, so vergeuden wir doch andererseits wertvolle Energie für die Rache. Anstatt zu sagen: »Aha, so war das. Punkt.« und »Wie können wir auf eine bessere Weise von hier aus weitermachen?«

Ich bin daher zumindest *nicht in jedem Fall* für Aufklärung aller Skandale oder erst dann, wenn wir das Bewusstsein haben, weise damit umzugehen. Solange wir uns bekämpfen, auch und gerade, wenn wir ja soooo Recht haben, investieren wir Energie in Kampf, Recht haben, Bestrafung und Rache. Auch wenn wir grad ganz sicher sind, dass wir »die Guten« in dem Spiel sind, warum tun wir dann nicht lieber etwas Gutes, anstatt unsere Energie in weitere Negativität zu investieren? Es gibt tausende Bereiche, in denen es wichtig und wertvoll ist, etwas Konstruktives beizutragen.

Stell dir vor, du hättest Verdauungsprobleme und sagst deinem Darm den Kampf an mit zig verschiedenen Medikamenten, Ernährungsumstellung, Darmkur etc. Du bist völlig absorbiert davon, endlich das Richtige zu finden. Irgendwann gibst du es auf. Du fährst in Urlaub und lässt es dir gut gehen. Du gehst abwechselnd Bergwandern, Skifahren, Eislaufen und Schwimmen. Nach fünf Tagen sind die Verdauungsprobleme verschwunden. Warum? Du hast zuvor nur die Symptome, aber nie die Ursachen (Stress und Bewegungsmangel) behandelt. Und du hast GEGEN die Probleme gekämpft, statt etwas FÜR deine Fitness und Erholung zu tun.

Auf der Welt geht es oft ganz ähnlich zu: *Solange du gegen etwas kämpfst, gibt du deine Energie in das, was du bekämpfst. Wenn du stattdessen deine Energie in das gibst, was du im Positiven erreichen möchtest, lösen sich die anderen Probleme oft von ganz alleine.*

Wichtig ist vor allem, dass Nachdenken über die Probleme überhaupt nichts oder nur wenig Innovatives zur Lösung beitragen kann, da dann nur das Problem energetisch verstärkt wird und das Negative des Problems nur immer und immer wieder durch den Kopf geht. Die Energie sinkt sogar während dieser andauernden Warteschleife im Kopf. Wie schon mal erwähnt ließ Einstein uns wissen, dass alle Natur zur Harmonie tendiert. Das heißt, man muss gar nicht jedes Problem lösen, sondern oft reicht es, aufzuhören ständig dran zu denken. Wir geben damit der Natur in uns Raum, sich wieder in Richtung Harmonie zu bewegen.

Spirituell ausgedrückt: *Wer in die Energie der Einheit investiert, löst die Symptome der Trennung von ganz alleine auf und das ganz nebenbei, ohne seine Kraft im Kampf zu verlieren. Wer kämpft, erzeugt Sieger und Verlierer. Wer die Einheit von Gut und Böse erkennt, der höhlt die Probleme von innen aus.*

Wenn wir alle eins sind und so handeln und denken, gibt es keine Skandale mehr. Glaubst du nicht? Dann lass mich dir noch ein paar Beispiele nennen:

Wer schimpft nicht alles auf das Bankensystem und dass es nur die Reichen begünstigt. Haufenweise Bücher gegen das böse Bankensystem werden da geschrieben.

Ändert das was? Nicht dass ich wüsste, oder?

Muhammad Yunus hält keine Volksreden gegen irgendwas, sondern tut einfach etwas für die Armen und hat so bereits vielen Millionen geholfen.

Rüdiger Nehbergs Einsatz gegen Beschneidung ist vielen bekannt, wenn nicht, guck hier: **www.target-human-rights.de**. Statt die Führer des Islams zu bekämpfen, weil sie Beschneidung von kleinen Mädchen und Frauen zuließen und sogar mit dem Islam begründeten, gewann er sie für seine Sache und jetzt kämpfen sie mit ihm gegen die Beschneidung und haben sie als mit ihrer Religion unvereinbar erklärt. Nun plötzlich gilt die Unversehrbarkeit des menschlichen Körpers. Das ist eins der genialsten Beispiele von »Für statt gegen etwas sein«.

»Man darf sich das nicht gefallen lassen« posaunen die, die den Kampf der Gerechten kämpfen. Andere ziehen einfach los, beginnen etwas Neues und lassen es organisch wachsen, bis keiner mehr das Alte braucht.

Nicht um es den anderen endlich zu zeigen: »Ha, jetzt geben wir es euch, ihr seid überflüssig«, sondern im Gegenteil. Vielleicht kann man sie durch eigenes positives Vorbild auf neue Ideen bringen, so dass sie ihre Kräfte und ihr Können ebenfalls neu einsetzen: Zu ihrer eigenen Freude und der Einheit allen Seins. Das ist im Prinzip genau das, was Rüdiger Nehberg in Sachen Beschneidung getan hat! Er hat den vermeintlichen Gegner zum Freund gemacht und ins eigene Boot geholt.

Erzähl mir nicht, ich sei zu naiv für diese Welt und so ginge es nicht. Es gibt Millionen Stellen, an denen du ansetzen kannst, kampflos Positives zu bewirken. Und irgendwann könnte dieses Positive so gewachsen sein, dass auch Platz darin ist, um dem ehemals Negativen Raum für Neuorientierung zu geben. Ohne mit dem Zeigefinger auf das ehemals Negative zu zeigen: »Ätsch, jetzt müsst ihr auch bei uns mitmachen, bleibt euch wohl nichts anderes mehr übrig … «

Vorsicht, Oneness! Alles ist Eins und du bist ein Teil dieser Einheit. Den Energiebumerang bekommst du nur selbst an den Kopf. Kümmere du dich um das, was du in die Welt setzt und nicht um das, was andere rein setzen.

Beispiel Kindererziehung: Wenn kleine Kinder laut rumbrüllen und sich kreischend streiten, dann verändert es die Stimmung nicht zum Positiven, selbst noch lauter mitzubrüllen. Flüstere doch einfach einmal mitten rein. Die kleinen Rabauken sind meist ungeheuer neugierig und wollen wissen, was du da flüsterst. Dazu müssen sie selbst still sein. »Heh, flüster, flüster, könnt ihr überhaupt auch so leise reden wie ich? Ich glaube, ich kann am leisesten flüstern … « DAS werden sie sich nicht bieten lassen und auch nur noch ganz leise flüstern. So lange, bis sich der Streit in gemeinsames Gekicher auflöst.

Ich wünsche mir, dass wir mit unserer Weltpolitik und dem ganzen Kram genauso verfahren: *Leise flüsternd und kreativ neue Samen setzen, bis sich alle Symptome der Trennung von der Einheit ausnahmslos in gemeinsames Gekicher auflösen.*

Wenn es uns egal ist, wer früher mal »die Bösen« und wer »die Guten« waren, wenn sich keiner mehr erinnert, wer angefangen hat, wenn nur noch interessiert, wer was kann, und nicht, wer was nicht kann, wenn wir nur noch mit Lösungen zufrieden sind, in denen Platz für Glück und Freude von allen ist, wenn in diesen Lösungen der größte Exzentriker der Erde genauso wie der durchschnittlichste aller Normalverbraucher auf dem Planeten Freude hat, dann ist uns der Schritt ins Einheitsbewusstsein gelungen.

Dann befinden wir uns auf einem Bewusstseinslevel, auf dem wir auch Umweltprobleme mit einer ganz anderen Effizienz angehen könnten. Dort gibt es geistigen Freiraum für heute noch undenkbare Problemlösungen. Ich denke da an Öko-Raumschiffe statt Benzinschleudern, recycelbare Pflanzenhäuser und Pflanzenschlösser mit phantastischer Raumenergie und Ähnliches. In der Raumenergie von Schloss Neuschwanstein zum Beispiel möchte ich nicht leben! Einmal durchgehen reichte mir, denn im Schlossbau besteht eindeutig noch energetisches Veredlungspotenzial ...

Grenzen setzen

Muss man nicht auch mal laut aufbegehren und deutliche Grenzen setzen? Ja durchaus. Ich empfehle beim »Grenzen setzen« gerne die bereits angesprochene *Gewaltfreie Kommunikation* nach Marshall Rosenberg. Der Ton macht nämlich die Musik und bestimmt auch das Ergebnis deiner Grenzen-Setzen-Aktion!

Mir ist irgendwann aufgefallen, dass Menschen dann eine Kritik gut annehmen können, wenn mein darunter liegendes Gefühl

Achtung, Respekt oder sogar Zuneigung und Liebe ist. Wenn ich jemandem eine Grenze setze oder kritisches Feedback gebe und der andere fühlt sich in dem Moment geliebt und angenommen, dann spürt er (durch Spiegelneuronen, Körpersprache, Mimik, Tonfall), dass ich das, was ich sage, nicht GEGEN ihn sage, sondern FÜR mich und dass mein Wunsch Einheit und Frieden und nicht Kampf und Rache ist.

Fast immer wird derjenige innehalten und zuhören und das Gesagte überdenken. Selbst bei Menschen mit aggressiver Grundenergie und dem Sternzeichen störrischer Esel kommt die Botschaft an. Bei ihnen kann es allerdings ein paar Tage oder Wochen dauern. Aber irgendwann stehen sie wieder auf der Matte und schwenken die Friedensfahne.

Sag dasselbe, Wort für Wort, aber mit dem darunter liegenden Gefühl von Angst oder Verachtung: Kein Wort wird ankommen! Abwehr, Verdrängung, Kampf und weiterer Ärger sind meist das Resultat.

Das ist normal. Du reagierst genauso.

Wenn du es daher für wichtig hältst, irgendwo Grenzen zu setzen – und das ist es in der Partnerschaft genauso wie in der Kindererziehung oder auch gegenüber Geschäftspartnern und und und –, dann übernimm die Verantwortung dafür, mit welcher Energie du diese Grenze setzt.

Denk dran: Alles ist Eins!

Geschieht dein Grenzen setzen in Erinnerung an die Einheit oder ist es ein Vertiefen der trennenden Gräben?

Ein Freund von mir ist Steuerberater und hatte früher mal einen Kollegen, der sehr belesen und korrekt war und alle Gesetze genau kannte. Er rief beim Finanzamt an, wenn er wusste, er hatte Recht, und dann geigte er den Beamten ordentlich seine Meinung. Er kämpfte bei Fehlern für seine Klienten, jawohl.

Jener Freund von mir kannte sich in den Gesetzeslagen nie so genau aus. Aber er sah im Finanzbeamten ebenso einen Freund wie im Kunden. Wenn etwas nicht zufriedenstellend verlief, rief er auch beim Finanzamt an: »Hallo Schorgi, wie geht es dir? Was machen die Kinder? Du sag mal, ich hab hier einen Klienten, da kommt mir was komisch vor … « Rate, wer für seine Kunden immer die besseren Deals beim Finanzamt herausschlug?

Die Zauberformel lautet:

Einheit aller Menschen, Verständnis für beide Seiten, egal wie weit oben oder unten in den Hierarchien, und die Absicht, eine Win-Win-Lösung (alle Seiten sind zufrieden) zu finden.

Ihr wisst eh, dass es so läuft. Der eine oder andere ruft 150 Leute pro Tag für je eine Minute an, um den Kontakt zu halten und um bei Bedarf drauf zurückgreifen zu können. Vermutlich könntest du auch tausend Leute anrufen, wenn du so viel Zeit hättest. Das ist sicher nicht sinnvoll. Aber bist du wirklich sicher, du rufst aus den tausend möglichen regelmäßig *die* 150 an, mit denen du »deine Vision« von Einheit verwirklichen kannst? Oder wenn es die richtigen sind, rufst du sie dann im richtigen Bewusstsein an? Sind deine Telefonate eine Inspiration, eine Wiedererweckung des Einheitsbewusstseins oder nur das übliche Ausnutzen von Kontakten, das dir bei Leuten, die unter dir in der Hierarchie stehen, so schauerlich auf die Nerven geht? Ich frag ja nur …

Ein letztes Ja-Aber

Es gibt doch auch die Gesellschaft massiv gefährdender Leute, gegen die muss man doch etwas unternehmen?! Einfach nur Teebeutel schwingen, bringt die Welt nicht in Ordnung. Denen muss das Handwerk gelegt werden!

Vor zehn Jahren traf ich mal einen Mann, der mir erzählte, er habe in seiner frühen Jugend schwarze Magie betrieben. Er war überzeugt, dass man auch schwarze Magie im Einheitsbewusstsein betreiben kann und dass sie dann o.k. ist. Allerdings hätte er einmal nicht wiederstehen können und habe die schwarze Magie zur Befriedigung eines reinen Egowunsches benutzt. Ihm sei sofort danach klar geworden, dass er damit in der Falle sitze und er habe ab dem Tag vollkommen aufgehört, schwarze Magie zu betreiben.

Was ich damit sagen will: Wenn es dein innerster wirklicher Auftrag ist, einen speziellen Skandal aufzudecken, dann spürst du das im Herzen. Dann ist es einfach richtig, im Sinne der All-Einheit, dann ist es dein wirklicher Auftrag und dann bringst du vermutlich auch niemanden in zusätzliche Gefahr damit. Dann stimmt es einfach.

Aber wenn wir aus Egogründen Skandale aufdecken mit einem Gefühl von: »Schau her, wie schlecht DIE sind. Aber ich bin ja so gut, hach!« Oder wenn wir unsere Rachegelüste und verdrängten Aggressionen daran austoben, dann wird es ein Boomerang. Wann immer du etwas bekämpfst, und es ist nicht dein innerster Seelenauftrag, dann gibst du dem, was du bekämpfst, nur deine Energie und stärkst es noch damit.

Das kannst du jederzeit an deinem Ehepartner ausprobieren: Nimm die Kampfhaltung ein im Streit und alles wird schlimmer. Erinner dich an die Einheit, stell die Verbundenheit zwischen euch in den Vordergrund und nach ein paar Minuten ist wieder Frieden. Trotzdem kann manchmal auch »klare Abgrenzung ohne jede Diskussion« das probate Mittel der Wahl sein. Lass dein Herz entscheiden[9] und nicht den Verstand.

Ich empfehle daher bei jeder Vorgehensweise, zuerst die eigene Motivation sowie den Angstfaktor zu prüfen. Angst ist nur im ganz akuten Fall, wenn der Löwe direkt vor einem steht, ein guter Ratgeber. Im vorletzten Kapitel möchte ich eine ganz andere Methode zur Problemlösung vorstellen.

Dass man das alles üben und zuerst an harmloseren Fällen ausprobieren sollte, ist ganz klar. Mensch ist Mensch, nie perfekt, und solche Dinge muss man wiederholt erfahren haben, um ihre Kraft

9 Wer Anleitung zum Üben in dem Bereich braucht: »Die 7 Geheimnisse der glücklichen Ehe« von John M. Gottman.

Stück für Stück mehr erleben zu können. Ich flippe bei Problemen auch erst mal gerne ein paar Tage aus, bevor ich wieder auf dem Teppich lande und mich erinnere, dass es da auch noch andere Möglichkeiten gibt. Wenn ich mich dann allerdings noch rechtzeitig erinnere, ist das Ergebnis oft traumhaft schön und definitiv befriedigender als alle in der Angstenergie getätigten Aktionen.

Trau dich!

Im Gegensatz zu mir ist Dieter seit zirka 20 Jahren hauptberuflich Trainer und kann auf einen unglaublichen Erfahrungsschatz zurückgreifen. Gefallen wird dir, wie er anfangen hat: Nach der Schreinerlehre landete er irgendwann in einem amerikanischen Erfolgstraining mit der Botschaft: »Du kannst es, jeder kann es, du kannst Millionär werden – mit Motorenöl!« Dieter saß drin und dachte sich: »Ja! Ich kann es! Ich werde Millionär!« Sprach es, kündigte seinen Job und wurde Millionär. Ratzfatz machte er einen Umsatz von zig Millionen Schweizer Fränklis mit dem öden Motorenöl, weil das der Vorturner damals so gesagt hatte.

Aber dann kam ein neuer Vorturner und der erzählte etwas anderes: »Uuiuiui, alles ganz schwierig. Jetzt brauchst du eine Werbeabteilung, Hochglanzprospekte und die Bilanz! Oh weh, die Bilanz, das ist etwas ganz Schwieriges, das kannst du nicht, da brauchst du mich.« Und genauso ratzfatz war er wieder pleite.

Das gab ihm zu denken: Erst hatte er gedacht, es sei ganz leicht – und es war ganz leicht. Dann hatte er sich Angst machen lassen und dachte, er schaffe es nicht – und siehe da, er schaffte es nicht.

In den letzten 20 Jahren hat er es sich daher zum Ziel gemacht Menschen beizubringen, wie sie sich selbst und ihre Ziele verwirklichen und dabei auf sich selbst und nicht auf irgendwelche Laberköpfe hören. Wichtiger Bestandteil seiner Seminare außerdem: Auf intelligente Weise naiv sein können! Ich gebe aus Zeit- und Lustgründen nur sehr selten Seminare, und Dieter übernimmt oft für drei Stunden am Samstagnachmittag das Überraschungsprogramm.

Warum nehme ich den folgenden Auszug aus seinem Gästebuch hier auf? Lies erst mal, dann sage ich es dir.

Aus dem Gästebuch der positiv factory

Eintrag vom Chef:

Diese Woche saß eine sehr aufgeregte Kundin bei Wolfi (teilt mit Dieter das Büro). Sie war aggressiv, sehr laut und erzählte voller Emotion von ihren Krankheiten, dass alle Idioten seien (besonders die Männer), dass es sowieso abwärts gehe in Deutschland usw.

Dann schaute sie mit sehr wütenden Augen zu mir (Dieter) rüber, denn ich lächelte sie liebevoll an (»Hallo, du einmalige Seele, schön dich hier zu spüren – hast wohl zur Zeit alles vergessen«) und das machte sie noch wütender. Doch dahinter war die Sehnsucht. Spürbar und genauso präsent wie die Wut.

Ich sah sie an und fragte sie: »Spürst du eigentlich dein Herz und deine Seele, wenn du ruhig bist – oder spürst du dich nur, wenn du so wütend bist?« Große Augen – die Backen wurden aufgebläht (ich sah in ihre Augen – da war etwas ganz anderes) … und dann wurde sie ruhig. Sah mich an und fragte: »Was soll ich deiner Meinung nach tun?«

»Wie wäre es mit vollkommener Akzeptanz dessen, was im Moment ist? Wie wäre es, mal wieder dich zu fühlen und in die Gegenwart zurückzukehren. Denn wenn du in die Gegenwart zurückkehrst, kehrst du ins Leben zurück, und da musst du keine Angst haben. Denn das Leben ist wunderbar so wie es ist. Da spürst du dann auch, dass du wunderbar bist.«

Wolfi saß mit großen Augen da und beobachtete diese Szene (oh Gott, oh Gott, hilf) und er lächelte.

Nun – du kennst die Themen – diese wunderbare Frau ging in ihren inneren Tempel (sie versuchte es jedenfalls) hörte etwas von Evolution und Essenz, erfuhr von der Macht ihrer Worte (»Hast du dir zugehört, wie du über dich und dein Leben sprichst – willst du das?«), staunte darüber, dass auch das Ausdruck ihres vollkommenen Potenzials ist – und als sie vor der Türe mit Wolfi stand – sagte sie ihm weinend danke.

Heute Morgen habe ich mit meiner Familie die selbst gemachte Marmelade genossen, die sie am nächsten Tag lächelnd ins Institut brachte.

»Hey, was hast du denn gemacht – mir geht es so gut – danke.« Wolfis Antwort: »Siehste, du traust dich nicht mehr, hier so Scheiße drauf reinzukommen – da kriegst du gleich den Vortrag von Dieter.« Und das ist gut so.

Es waren ein paar Sätze.

Es war nicht viel.

Es war das, was wir selbst in unseren Trainings immer wieder erleben.

Dieser Mensch wusste es nicht.

Es war wirklich nicht viel.

Aber es wurde ausgesprochen.

Die LIEBE wurde angesprochen – es reicht die Erinnerung daran.

Ich umarme dich und wünsche dir ein wunderbares Wochenende.

Namaste an alle Gästebuchleser und -schreiber

Dieter

Es gibt zwei Möglichkeiten, warum diese wahre Begebenheit für dich interessant sein könnte. Entweder du bist der Typ der aggressiven Rumbrüllerin oder du bist der Typ Dieter, der eigentlich die Kraft hat, die Rumbrüller wieder an ihr wahres Selbst zu erinnern. Das Problem bei manchen Esoschlaffis ist, dass sie mitunter hundert Mal dasselbe hören können und dennoch nichts ändern. Sie haben es einfach nicht so mit dem Umsetzen. Ich vermute, dass das innerhalb der All-Einheit auch irgendwie o.k. ist.

Millionäre wiederum sind genauso normale Menschen und können so cholerisch sein wie alle anderen. Aber eins fällt mir gelegentlich auf: Wenn ein Mensch mit innerer Kraft und Klarheit (haben Millionäre meistens, zumindest die, die nicht nach einem Jahr wieder pleite sind) etwas verstanden und für sich als wahr empfunden hat, dann fackelt er nicht lange rum, hört sich auch nicht hundert Mal dasselbe an, sondern steht auf und ändert, was zu ändern ist.

Vielleicht möchtest du aufstehen und irgendwem Marmelade holen gehen – falls etwas in der Geschichte dich berührt hat. Oder du stehst auf und erinnerst andere an ihr vollkommenes Potenzial, so wie Dieter es mit großer Begeisterung tut. Das holt einen zurück in die Einheit: Wenn man auf einmal mit solchen Menschen die Verbundenheit und die zwischenmenschliche Ebene wieder spürt. In solchen Momenten verspürst du alles, bloß keine Langeweile, soviel ist gewiss.

Trau dich! Nutze deine Kraft und Klarheit!

Und wenn du Dieter kennen lernen möchtest, dann sei hier noch eine kleine Warnung ausgesprochen: Er ist nichts für Krawattenfans. Schau auf meine Website für Seminare **www.bmakademie.de**

Aber seine, meine und unsere Seminare sind nur ein kleiner Tropfen in einem Meer von Angeboten. Und ich bin sicher, es gibt genau da, wo du bist, auch das Richtige für dich, falls du etwas suchen solltest.

Was tun, wenn jeder dein Gesicht kennt und du dich nirgendwo auf Seminare traust?

Dazu würde ich gerne an das Zitat von Hildegard von Bingen aus dem Kapitel »Finde dich selbst, dann findet sich der Rest von alleine« erinnern:

»Solange der Mensch sich nicht selbst in den Augen und
im Herzen seiner Mitmenschen begegnet,
ist er auf der Flucht.
Solange er nicht zulässt, dass seine Mitmenschen an
seinem Innersten teilhaben, gibt es keine Geborgenheit.
Solange er sich fürchtet durchschaut zu werden, kann er
weder sich selbst noch andere erkennen. Er wird allein
sein. Alles ist mit allem verbunden.«

Das Außen im Innen transformieren

Vor ein paar Monaten bekam ich einen Bericht über einen Dr. Ihaleakala Hew Len zugeschickt, der mit der hawaiianischen Ho'oponopono-Technik heilen würde. Er soll schwer geisteskranke und teilweise kriminelle Psychiatrie-Patienten geheilt haben, ohne sie auch nur gesehen zu haben. Dem Bericht zufolge las er die Patientenberichte und spürte dann in sich hinein, so als habe er selbst das jeweilige Problem erschaffen. Und dann heilte er den Teil in sich selbst, der dafür verantwortlich war. Das klingt seltsam, aber wir haben es im Freundeskreis ausprobiert, es ist wunderschön. Näheres folgt sogleich.

Dr. Len sieht es so, dass wir für alles was ist die volle Verantwortung haben. Alles was wir wahrnehmen und nicht mögen, will von uns geheilt werden. Das gilt für Terroranschläge, Politik und die Wirtschaftslage genauso wie für das Verhalten unserer nächsten Verwandten und Bekannten. Denn all diese Dinge existieren nicht wirklich, sondern nur als Projektion aus unserem Inneren. *Das Problem liegt deshalb nicht bei den anderen, sondern bei uns selbst.* Weil die gesamte Welt unsere eigene Schöpfung ist! Alles was in meiner Welt vorkommt, ist meine eigene Schöpfung, sonst käme es nicht in meiner Welt vor.

Ich schreibe somit dieses Buch ausschließlich für mich selbst, weil du ja gar nicht wirklich existierst. Wenn du nicht verstehen solltest, was ich da schreibe, dann heißt das nur, dass ein Teil in mir, der es selbst nicht versteht, geheilt werden will.

Als ich diesen Bericht bekam, wollte ich die Methode sofort

mit einigen Freunden ausprobieren. Nachdem wir uns misstrauisch beäugt hatten, um herauszufinden, wer nun derjenige ist, der nur eine Projektion des anderen ist, fingen wir an. Wir gingen verschiedene Themen und Personen durch, mit denen wir ein Problem hatten. Und dann machten wir es teilweise etwas anders als in dem Bericht über Ho'oponopono.

Die eine Version war, in uns selbst nachzusehen, womit wir das Problem erschaffen hatten (wie im Bericht). In der leicht modifizierten Variante stellten wir uns vor, wir seien genau die Person, Energie oder Institution, die das Problem erschaffen hat. Und dann fragten wir uns, wie und warum wir das Problem erschaffen hatten und wie wir uns selbst heilen könnten.

Dr. Len sagte im Ho'oponopono-Bericht, er habe lediglich zwei Dinge gedacht, als er die Psychiatrie-Patienten heilte: »Es tut mir leid« und »Ich liebe dich«. Das war alles. Angeblich konnten auf diese Weise nach und nach alle Patienten entlassen werden.

Wir haben es ausprobiert und fanden es gigantisch. Bei den allermeisten Themen fanden wir als Ursache in uns selbst das Gefühl von Getrenntsein und Angst vor irgendetwas. Und das in schier endlosen Varianten.

»Es tut mir leid« und »Ich liebe dich« hat zu wunderschönen, befreienden, harmonisierenden und auflösenden Energien in jedem von uns geführt. In hartnäckigen Fällen musste man das »Ich liebe dich« mit Nachdruck denken und fühlen: »Ich liebe dich von ganzem Herzen, mit aller Kraft, mit all meinem Sein«, und dann lösten sich auch schwierige Gefühle auf.

Für uns stand ganz schnell fest: Völlig egal was die Welt da draußen tut, es ist eine wundervolle Erfahrung, nach dem Gefühl in mir selbst zu suchen. Wenn ich das wäre, womit hätte ich es verursacht und warum? – und dieses Gefühl dann in mir zu heilen. Da bläst es einem glatt das Blech weg. Bei uns flossen Gefühle von Freude, Verbundenheit, Liebe, Einheit, tiefer Glückseligkeit und vielem mehr. Indem wir nach den Anteilen in uns selbst suchten und sie heilten, stieg unsere Glücksempfindung um ein Vielfaches und unser Herz schien sich zu erweitern ins Unendliche. Die Übung lohnt sich auf jeden Fall, denn sie macht den glücklich, der sie durchführt. Vorausgesetzt es gelingt von Herzen, dabei zu sein. Wie immer macht Übung den Meister.

Damit erledigt sich auch völlig das Problem der Manipulation oder des Eingriffs in den freien Willen anderer. Denn ich heile ja nie den anderen, der darf tun, was er will. Ich gucke immer nur in mir selbst nach, wenn ich DAS wäre, womit HÄTTE ich es verursacht. Und dann heile ich den betreffenden Teil in mir.

Ich transformiere die Welt, indem ich mich selbst transformiere. Heile dich selbst und die Welt ist geheilt. Diese Aussagen kannte ich schon lange, aber mir war bislang nicht bewusst, wie die konkrete Vorgehensweise dazu sein sollte. Nun habe ich ein wundervolles Werkzeug dazu.

Vielleicht magst du es mal ausprobieren und genauso mit Neidern, Missgünstigen, Eifersüchtigen und Nervensägen aller Art umgehen. Wenn du die Nervensäge wärst, warum wärst du so? Welches Gefühl in dir würde das Problem verursachen? Heile es in dir selbst mit »Es tut mir leid« und »Ich liebe dich«. Im Minimum wirst du gelassener, im Maximum erreicht es den anderen und er schließt ab sofort zumindest dich von seinem Neid aus und entscheidet sich, dir alles zu gönnen – wegen der schönen Energie, die von dir aus in die Welt fließt.

Wenn du jetzt – was ja kein Wunder wäre – meinst, dass das nur eine schöne Geschichte ist und mit der Wirklichkeit nichts zu tun hat, dann hilft nur eins: Probier es selber aus und entscheide dann, ob diese Technik für DICH irgendeinen Wert hat oder nicht.

Interviews mit glücklichen Millionären

Ich habe vier verschiedene wohlhabende Mitglieder der Zielgruppe nach ihren Geheimnissen zum inneren Reichtum befragt und schöne und interessante Antworten erhalten. Ich beginne mit der Dame, danach folgen noch drei Herren:

Louise: Mit 80 Jahren fit wie ein Turnschuh und voll gelassener Heiterkeit

Louise Hay habe ich kennen gelernt anlässlich der 20-Jahr-Feier ihres Verlages Hay House Publishing, die in London stattfand. Der Verlag macht in den USA zirka 70 Millionen Dollar Jahresumsatz mit ausschließlich spirituellen oder gesundheitsfördernden Büchern.

Ich wollte als Erstes wissen, ob sie die Millionen oft auch als Last empfände, wie viele der Millionäre, mit denen ich bisher gesprochen habe. Sie verneinte. Sie meinte, das läge nicht am Geld. Es sei einfach eine Gewohnheit der Menschen, sich stets zu beklagen. Und warum sollten sie diese Gewohnheit ändern, nur weil sie Geld haben?!

Sie selbst habe außerdem nie Geld zum Ziel gehabt. Ihre Motivation sei immer gewesen, den Menschen zu helfen: Lesern, Autoren, Mitarbeitern, allen. Dabei sei sie an einen Punkt gekommen, an dem sich der Geldfluss weder stoppen noch verhindern ließ. Geld will zu denen, die dem Ganzen dienen. Das ist ihr Eindruck vom Wirken der Energie des Geldes.

Nach wie vor halte sie Geld für eine sehr komfortable Sache, aber nicht für wichtig. Und komfortabel darf es gerne bei ihr sein. Das Erste was ihr auffiel, als wir uns trafen, war, dass ich mich zwar schick gemacht hatte, aber sehr bequeme flache Schuhe dazu trug. »Die sehen auch sehr bequem aus«, sagte sie mir und streckte mir ihre Füße entgegen. Sie hatte es genauso gemacht. Top gestylt, aber mit superbequemen Schuhen! Sie steht auf ganzheitliche Gesundheit und die verträgt sich schlecht mit high heels auf einer Stehparty.

»Dinge machen nie wirklich glücklich. Ich gehe lieber durch einen schönen Garten, als mir ein neues Kleid zu kaufen«, sagt sie dazu. Und das scheinen auch bereits ihre Mitarbeiter zu wissen, denn die schenkten ihr letztes Jahr zu ihrem achtzigsten Geburtstag eine Rose, die nach ihr benannt wurde.

Nach Neid und Geschäftemachern befragt sagt sie, sie sähe diese noch nicht einmal. Sie hätte entweder keine Wahrnehmung dafür oder ziehe diese Leute einfach nicht an. Konkurrenz wäre ebenfalls etwas, das für sie nicht existiere, denn wir seien alle einzigartige Wesen. Selbst wenn alle das Gleiche täten, würde nie dasselbe dabei herauskommen – aufgrund unserer Einzigartigkeit. Es gäbe daher nie wirkliche Konkurrenz und also auch nichts von selbiger zu fürchten.

Ein herzliches Dankeschön Louise für die weisen Worte.

Ludger: Ein Lobbyist unterwegs zu neuen Ufern

Ludgers Vater hatte immer zu ihm gesagt: »Junge, wenn du 60 bist, musst du aussteigen, denn später kannst du sonst gar nicht mehr loslassen.«

Ludger nahm diese Warnung ernst und stieg aus, mit 60. Zum Entsetzen seiner Umgebung: »Das kannst du nicht machen. Das ist lebensgefährlich! Wenn du bei deinem gegenwärtigen Engagement alles auf Null runter fährst, dann fährt auch deine Energie runter. Der Körper denkt, er wird nicht mehr gebraucht, baut ab und in zwei Jahren bist du tot, das sag ich dir.« Das sagte ihm sein väterlicher Freund.

Na, das waren ja tolle Aussichten. Aber der besorgte Freund hatte nach einigem Nachdenken noch mehr zu sagen: »Hast du denn im Leben die Ziele, die du dir gesetzt hast, alle erreicht?«

Ludger: »Ja, eigentlich schon, warum?«

Der Freund: »Das ist schlecht, dann hast du keine Ziele mehr. Vielleicht ist dann jetzt die Zeit gekommen, dass du mal was zurückgibst.«

Das saß! Auf die Idee war er bisher noch nie gekommen. Er hatte immer für sich gearbeitet und für seine Ziele. Was genau meinte der Freund mit zurückgeben? Wie denn? Wem denn?

»Naja, du warst doch immer Lobbyist. Das kannst du gut. Mach es weiter. Es gibt bestimmt Menschen in deiner Umgebung, die keine Lobby haben, aber dringend eine bräuchten und dann übernimm du das für sie.«

Ludgers Gedanken wirbelten durcheinander als er nach Hause ging. Das Gesagte hatte ihn sehr berührt und es ging ihm nicht mehr aus dem Kopf. Aber für wen sollte er denn die Lobby übernehmen? Ihm fiel nichts ein.

Kurz darauf kam eine alleinerziehende Mutter in sein in der Auflösung befindliches Büro (Versicherungsbranche) und beklagte sich darüber, dass ihr Sohn trotz Unmengen von rausgeschickten Bewerbungen nur Absagen bekäme. Einen Tag später saß ein anderer arbeitsloser Jugendlicher vor ihm und berichtete ebenfalls davon, wie viele Bewerbungen er bereits umsonst versandt habe.

Ludger ist ein Mann der Tat und ihm war sofort klar, wer hier eine Lobby bräuchte. Im Handumdrehen war er bereits unterwegs und marschierte mit einem an einer Automechanikerausbildung interessierten Jugendlichen bei einem alten Bekannten auf, der eine Autowerkstatt besaß.

»Du, ich hätte hier einen jungen Mann, der gerne Automechaniker werden würde. Wie sieht es denn bei dir aus?«

»Hah!«, lautete die sehr emotionsgeladene Antwort. Der Bekannte verschwand hinter seinem Schreibtisch und kehrte mit einem unglaublichen Berg an Umschlägen zurück, die er vor Ludger auftürmte. »Das«, sagte er, »macht uns fertig. Wir werden bombardiert mit zig Bewerbungen, laufend und in einem fort. Ich habe keine Zeit, die alle durchzugehen. Wann soll ich denn das machen? Ich gebe sie unbesehen der Sekretärin und sage ihr, sie soll etwas Nettes formulieren und alle zurückschicken.«

Ludger verstand – und zwar beide Seiten. »Ich versteh dich«, sagte er deshalb auch, »und ich sehe auch die Jugendlichen. Was soll aus den jungen Leuten werden, die eine Absage nach der anderen bekommen und keine Chance mehr sehen. Wir sollten uns nicht wundern, wenn dann Kriminalität, Alkohol und Drogenprobleme die Folgen sind.«

»Ja schon, aber was können wir da tun?«

»Ich mach dir einen Vorschlag. Ich suche dir die Jugendlichen aus, du brauchst dich nicht um die Bewerbungen zu kümmern. Dafür nimmst du aber zwei statt einem Lehrling, ist das o.k.?«

Der Bekannte schlug ein und behielt den ersten gleich da zum Probearbeiten.

Ludger machte sich daraufhin auf den Weg, um Menschen zu suchen, die Patenschaften für Jugendliche ohne Ausbildungsplatz übernehmen würden, um ihnen zu helfen, das Passende für sie zu finden. Hilfswillige zu finden sei dabei nicht das Problem. Es gäbe viele engagierte Menschen, die bei einer guten Sache mitmachen wollten. Dennoch gäbe es mehr an Aufbauarbeit zu leisten als vermutet.

»Aber das macht nichts«, sagte Ludger zu mir. »Ich bin froh über den einen Satz meines Freundes: ›Meinst du nicht, es wird Zeit, dass du mal was zurückgibst?‹ Ich merke, wie diese Tätigkeit mich beflügelt und jung hält. Da bleibt keine Zeit zum Einrosten und ich habe das gute Gefühl, wirklich Sinnvolles zu tun.«

Besonders gefällt ihm an seinem neuen Leben, dass es frei von allen Zwängen ist. Solange Geld das Ziel der Dinge war, fand kaum ein Gespräch zweckfrei und völlig entspannt statt. Alles war irgendwelchen inneren Zwängen unterworfen.

»Ich liebe das Gefühl, das entsteht, wenn ich Menschen begegne, ohne dass einer von beiden dem anderen etwas verkaufen will. Das ist eine neue Art von Reichtum, frei von jedem Zwang zu sein und einfach mit dem Leben spielen zu können. Nichts muss ich mehr darstellen, ich kann sein wie und wer ich bin, und ich kann reden, mit wem ich will und wann ich will. Wer was verdient oder hat oder nicht, ist völlig uninteressant geworden. Das hat etwas Befreiendes. Wenn ich mich außerhalb meiner alten Welt bewege und in Jeans und T-Shirt herumrenne, dann bin ich einfach einer von allen, und das tut gut.«

Seine aktuelle Freundin hat er denn auch auf dem Jakobsweg getroffen und sie war – natürlich – in fröhlicher Unkenntnis seiner beruflichen Position oder seines Bankkontos.

»Früher«, reflektiert Ludger dazu, »habe ich Beziehungen regelrecht selbst gestört. Ich dachte immer: ›So ein toller Typ bist du auch nicht, Ludger, wahrscheinlich meinen die dich gar nicht.‹ Und mit diesem Misstrauen und meiner Unsicherheit habe ich die Beziehungen vorsichtshalber gleich wieder ruiniert. Das ist so ähnlich als würde man Selbstmord begehen aus Angst vor dem Tod. Einfach widersinnig.

Jetzt ist das alles anders. Ich fühle mich viel wohler mit mir selbst – oder sagen wir lieber, ich fühle mich überhaupt. Davon konnte eigentlich vorher sowieso nicht viel die Rede sein. Seit das Geld unwichtig geworden ist, sind Beziehungen und Freunde wirklich wertvoll geworden. Ich habe kein Problem mehr, ich selbst zu sein und dann entsteht das Problem so gar nicht mehr.«

»Und noch etwas Lustiges muss ich dir erzählen«, schloss er seinen Bericht ab. »Ich hatte eigentlich immer noch ein Faible für schicke Autos. Als ich unlängst mit einem neuen Modell stets Probleme mit der Elektronik hatte, habe ich es schließlich dem Händler zurückgegeben. Jetzt fahre ich einstweilen mit meiner alten Schüssel herum. Und ich sage dir was – irgendwie macht mir das Spaß. Das hat so etwas Privates, so etwas Individuelles. Das kann mir ein Neuwagen einfach nicht geben. Eine echt interessante Erfahrung. Ich musste gleich an die entsprechende Passage aus dem Anfang deines Buches (dieses hier, Seite 13) denken. An der Stelle musste ich wirklich über mich selbst lachen. Deine Art, dich beim Schreiben auch selbst nicht so wichtig zu nehmen, hat mich dazu ermuntert.«

Wer sich der Aktion Patenschaft für Jugendliche auf Stellensuche anschließen möchte, der kann sich gerne an Ludger Theilmeier aus Gütersloh wenden.

Ludger.Theilmeier@t-online.de

Giovanni: Geld ist eine Wirkung, keine Ursache

Giovanni Curto zu interviewen war nicht nur sehr ergiebig für mich, sondern auch kulinarisch ein Genuss der Extraklasse. Er hat für mich und meine Kinder bei sich zu Hause gekocht. Damit hat er gleich bewiesen, was er mir kurz zum Dessert sagte.

»Viel Geld ist nur ideal, wenn ich gesund bin, eine starke Persönlichkeit habe und ganzheitlichen Erfolg anstrebe. Denn wenn es Geist, Körper und Seele gleichermaßen gut geht, dann bleibe ich automatisch auf dem Teppich. Wer abdreht, nur wegen seines Kontostandes, der offenbart damit lediglich seine schwache Persönlichkeit.«

Giovanni verdient schon sehr lange sehr viel und hat seinen Kindern von klein auf beigebracht: »Macht euch nie um Geld Gedanken! Macht das, was euch Energie bringt und womit ihr euch selbst zum Ausdruck bringen könnt. Dann kommt das Geld von ganz alleine.« Oder: »Du darfst dem Geld nicht nachlaufen. Lass es auf dich zukommen! Geld ist eine Wirkung, keine Ursache!«

Letzteres wollte ich gerne näher erklärt haben. Giovanni: »Das wird häufig verwechselt. Geld ist nicht die Ursache der Probleme, sondern aufgrund der Probleme fehlt das Geld. Und das Problem liegt meistens in der inneren Einstellung. Beachtung bringt Verstärkung, Nichtbeachtung Befreiung. Häufig beachten wir Menschen aber am meisten das, was wir nicht wollen – und verstärken damit das, was wir nicht wollen. Sei es Geldmangel, Partnerprobleme oder was immer. Wenn ich jetzt in so einem Hamsterrad drin sitze, bringt es nichts, wenn ich die Geschwindigkeit verdoppele und weiter in die verkehrte Richtung laufe. Die unerwünschte Wirkung wird nicht verschwinden.«

Hhhm, gilt das auch für Staatsverschuldungen? Giovanni findet ja und drückte mir das Buch »Rich dad, poor dad – was die Reichen ihren Kindern über Geld beibringen« von Robert Kiyosaki in die Hand. Der Autor hatte als Kind einen armen und einen reichen Vater. Der arme Vater war sein eigener Vater und der reiche der Vater seines besten Freundes. Letzterer behandelte ihn wie einen zweiten Sohn.

Beide Väter versuchten, ihn über einen sinnvollen Umgang mit Geld aufzuklären. Der Ratschlag des armen Vaters lautete: »Geh in die Schule, lerne brav, schreib gute Noten und mache viele Ausbildungen.« Diesen Ratschlag wendete er selber an und blieb immer arm.

Der reiche Vater hatte selbst die Schule im Alter von 8 Jahren abgebrochen und riet etwas ganz anderes: »Schulen sind darauf ausgerichtet, gute Arbeitnehmer auszubilden, aber keine Arbeitgeber. Was du brauchst ist ein finanzieller IQ und den Mut, deinen Neigungen und Interessen nachzugehen und sie zum Ausdruck zu bringen. Arbeite nie für Geld.« Sowohl er, als auch seine beiden Söhne wurden mit diesen Ratschlägen sehr reich.

Kiyosaki äußert sich zur Staatsverschuldung folgendermaßen: »Unsere enorme Staatsverschuldung geht zu einem großen Teil auf unsere hoch gebildeten Politiker und Regierungsbeamten zurück, die ohne jede wirtschaftliche Ausbildung oder mit nur geringen Kenntnissen in Sachen Geld finanzielle Entscheidungen treffen.«

Ich habe das Buch auf einen Rutsch verschlungen und fand es sehr interessant. Der Autor schreibt auch: »Wenn ihr reich werdet ohne gelernt zu haben, mit eurer Angst und eurem Verlangen klarzukommen, seid ihr nichts weiter als hoch bezahlte Sklaven.« Damit kommt er zu einem ganz ähnlichen Ergebnis wie Giovanni, der eingangs sagte, viel Geld zu haben sei nur ideal, wenn man in seiner Mitte ruhe und gleichzeitig eine starke Persönlichkeit habe.

Giovanni coacht daher quasi nebenberuflich auch andere Menschen und viele Millionärskollegen, die an ihrem ganzheitlichen Glück und Erfolg arbeiten möchten und die ihre Persönlichkeit stärken wollen. Auch hier hat er eine sehr individuelle Art, mit seinen Kunden umzugehen. »Wer zu mir zur Beratung kommen möchte, dem empfehle ich zunächst einmal das Buch ›Jenseits des Regenbogens‹ von Thorsten Volmer / Hubert von Brunn in drei Bänden. Das sollen sie durcharbeiten, und wenn sie danach noch Fragen haben, können sie gerne zum Coaching kommen. Aber vorher nehme ich keinen.«

Bei Giovanni ist man sicher gut aufgehoben für eine Beratung. Er arbeitet nur gut die Hälfte des Jahres und privatisiert den Rest des Jahres. Das heißt er ist ganz offenbar nicht arbeitssüchtig und gehört damit einer Minderheit unter den selbstgemachten Millionären an.

Ich wollte wissen, wie es ihm mit Neidern geht. »Naja, das ist das gleiche Thema, das wir schon hatten: Beachtung bringt Verstärkung. Es gibt bestimmt Neider, aber die interessieren mich nicht. Ich krieg das gar nicht mit. Und wenn einer kommen würde, um mir zu erzählen, was irgendwer über mich Schlechtes gesagt hat, dann würde ich ihn immer bitten, es unter dem Filter der Liebe zu sehen: Bringt es mir was oder bringt es dir was, darüber zu reden? Damit sind wir meistens eh wieder durch mit dem Thema.«

Nach schwarzen Schafen im Umfeld befragt, sagte er: »Auch darüber denke ich nicht viel nach. Denn wenn ich ständig über schwarze Schafe rede, werden es auch immer mehr. Am Schluss werde ich selber zum schwarzen Schaf und merke es noch nicht einmal. Mit den Neidern ist es dasselbe. Wenn ich zu viel darüber rede, werde ich selber einer.«

Giovanni erzählte mir, er habe diesbezüglich viel von Harald Wessbecher gelernt und würde sich immer fragen: »Was bringt mir Energie? Oder was nimmt mir Energie?« Genauso: »Wer bringt mir Energie? Oder wer nimmt mir Energie?«

Die Menschen und Tätigkeiten, die ihm Energie rauben, könnten ganz sicher nichts mit seinem höchsten Potenzial zu tun haben, also würde er lieber gleich auf sie verzichten, anstatt lange über sie zu jammern. Diese Menschen wären auch ihrerseits besser dort aufgehoben, wo sie Energie bringen, anstatt sie zu rauben. Diese Sichtweise habe ihm viel geholfen und auch seine Führungskräfte hätten schon viel davon profitiert. Ganzheitliche Geschäftspartner-Weiterbildung ist bei ihm Konzept und ein wichtiger Bestandteil des Unternehmens.

Menschen, über die wir uns ärgern, würden uns sowieso nur ungelöste Themen im eigenen Inneren spiegeln, fügte er noch hinzu. Er erinnerte sich, dass er sich eine Zeit lang fürchterlich über einen Mann geärgert habe, der – wie es ihm schien – stets zu allem »Nein« sagte. Als er jedoch über die Frage nachgedacht habe, was der andere hatte, was er selbst nicht hatte, war es ihm sofort klar. Der andere besaß die Fähigkeit, klar und deutlich und ohne Umschweife »Nein« zu sagen, wenn er etwas nicht wollte. Das musste Giovanni damals noch lernen. Als er den Spiegel erkannt hatte und an seinen eigenen »Neins« übte, wurde der andere zu einem guten Freund und der Ärger war wie weggeflogen.

Damit waren wir gleich beim nächsten Thema: Giovanni erzählte mir, dass er insgesamt bestimmt schon eine halbe Million privat verliehen habe, von der er nur wenig wieder zurückbekommen habe. Aber irgendwann habe er das Neinsagen gelernt. Er habe auch gelernt, wie einige Kapitel zuvor schon kurz erwähnt, dass ein Angler, dem er täglich Fische gibt, nie selbst zu angeln lernt. Deshalb zeigt er Menschen, wie sie selbst angeln können! Damit macht er die Menschen freier und selbständiger. Damit wächst das Selbstbewusstsein.

Er erzählte mir von einem Kollegen, der einen Bettler fragte, ob er sich schon mal überlegt habe, wie er anderen Menschen Nutzen bringen könnte. Er könnte beispielsweise alten Frauen helfen, ihre schweren Tüten heim zu tragen. Solche Überlegungen würden diesem viel eher aus seiner Situation heraushelfen als ein Euro im Vorübergehen.

Giovanni ist jedenfalls seitdem auch, wie viele seiner Kollegen, zum »Verschenken von Einzelbeträgen« übergegangen, anstatt größere Summen zu verleihen, die nie wiederkommen. »So schnell kann man gar nicht gucken, wie die alle wieder pleite sind und mehr brauchen. Aber irgendwann müssen sie eben doch mal selber angeln lernen. Bei Kindern ist das ja auch so. Wenn ich ihnen alles abnehme, werden sie schwach und abhängig. Lieber erlaube ich ihnen Fehler zu machen, damit sie stark werden können und die Erfahrung machen: Ich kann es selber!«

Zu guter Letzt fragte ich ihn nach einem Tipp, wie man mit viel Geld glücklich bleibt.

Giovanni: »In meinen Seminaren lasse ich die Leute gerne eine 30-Punkte-Liste erstellen mit 30 Dingen, die ihnen Spaß machen. Die Erwachsenen gucken da oft ganz erschreckt. Erst wenn ich sage, dass wir nicht in der Schule sind und dass sie beim Nachbarn abschreiben dürfen, entspannen sie sich wieder etwas. Kinder haben da keine Probleme. Lebendigen, kreativen Kindern fallen ruckzuck 100 Dinge ein. In der Familie ist es toll, die Listen dann zu vergleichen, Gemeinsamkeiten zu finden und in der Familie zu diskutieren, wie man möglichst viele Punkte von den Listen in den Alltag integriert. Das ist ein sehr lebendiger Prozess und er bringt zurück in die eigene Mitte.«

Giovanni steht für den ganzheitlichen Erfolg. Das bedeutet für ihn:

vollkommen gesund sein
eine starke Persönlichkeit sein
Liebe fließen lassen
und genügend Geld haben.

Benno: Lachst und strahlst du noch, wenn all dein Geld weg ist?

Benno Scheyer hat vor 30 Jahren als Polizist und »armer Schlucker«, wie er es heute nennt, angefangen. Nach fünf Jahren fing er nebenberuflich in einem Vertrieb an, baute bald darauf 12 Firmen in ganz Deutschland mit 4500 Mitarbeitern auf und verdiente in den nächsten 12 bis 15 Jahren schließlich so viel, dass er einen weiteren seiner damaligen Lebensträume verwirklichen und sich ein ganzes Kurhaus kaufen und in ein spirituelles Seminarzentrum umbauen konnte. Mittlerweile hat er dieses an seinen Sohn übergeben und ist selbst wieder unterwegs zu neuen Ufern.

Benno hat in seinem Leben die Erfahrung gemacht, dass *uneigennützige Unterstützung, die man anderen zukommen lässt, um sie persönlich und menschlich voranzubringen, am Schluss mehr Geld bringt als jede Verkaufsstrategie!*

Damit geht er ganz konform mit dem schon erwähnten Werk von Wallace Wattles: »Das Gesetz des Reichwerdens«: »Schaffe kreativ neuen Reichtum für alle, gib mehr als du nimmst und du wirst automatisch immer reich sein.«

Wobei für Benno immer die Frage wichtig war, was Geld eigentlich überhaupt ist und was für ihn damit verbunden ist. Ist es ein Machtinstrument, verbinde ich Angst und Sorgen damit? Oder ist es einfach nur eine frei fließende Energie, die mir zur Verfügung steht, um mich selbst zu erfahren und zu erkennen?

Wirklich finanziell unabhängig ist man nur, wenn man geistig unabhängig vom Geld ist. Sprich, wenn man es nicht braucht und auf seine Fähigkeit vertraut, stets alles, was man braucht wieder erwirtschaften zu können.

»Lachst und strahlst du noch, wenn all dein Geld weg ist?«, fragt er sich selbst und andere immer wieder.

Viele Menschen geben dem Geld einen Zusatzwert, den es an sich gar nicht hat. Und dann wird es schwierig. Nach dem Thema Neid befragt, meint Benno, dass man selbst entscheidet, wie viele Neider man hat und dass es von den eigenen Vorgaben abhängt:

»Wenn man das Geld als Mantel seiner Persönlichkeit nutzt und so auftritt, dann heißt das, dass man über keinen echten Selbstwert verfügt. Man gibt dem Geld den Wert, den man in sich selbst noch nicht gefunden hat. Das wirkt aggressiv und provokant und solch ein Verhalten löst viel Neid aus.

Wenn man hingegen einfach nur als Person auftritt, ohne »Geldmantel«, wenn man ausstrahlt, dass das eigene Wohlbefinden nicht vom Kontostand abhängt, dann wird man so gut wie keine Neider haben, sondern wird zum Vorbild.

Eine weitere wichtige Frage ist für ihn: »Welchen Einfluss möchte ich mit meinem Geld haben?« Geld verleiht Macht. Entweder die Macht, einen Haufen Unfug damit anzustellen, oder Macht um der Macht willen, aber auch die Macht, anderen Hilfestellungen dabei zu geben, ihr eigenes Leben sinnvoll zu gestalten.

Wobei er ganz klar sagt, dass Entwicklungshilfegelder keinerlei Hilfe darstellen. Was er vielmehr meint ist, dass man sein Geld auch so einsetzen kann, dass Bewusstseinsveränderung zum Wohle des Einzelnen und des Ganzen stattfindet. Benno nannte die Inhaberin vom Bodyshop als Beispiel. Diese legt Wert auf natürliche Inhaltsstoffe und bildet ihre Hersteller in der Dritten Welt zur Selbstständigkeit und zum sinnvollen Umgang mit ihrem Einkommen aus.

»Man hilft einem armen Land mehr mit dem Wissen, wie man beispielsweise Wasserleitungen verlegt, als einfach nur mit Geld, wenn man den Menschen keinerlei Unterweisungen über den Umgang damit gibt«, erklärt Benno dazu.

Als ein weiteres Beispiel nannte er eine Holzfirma, die zwar Bäume im Amazonasgebiet abholzt, aber dort bewusst nur die abholzt, die am wenigsten von der Natur gebraucht werden, und die alle abgeholzten Gebiete auch wieder aufforstet. Lange Zeit haben sich die Konkurrenten darüber lustig gemacht. Inzwischen sind viele von ihnen pleite, während die Firma, die ganzheitlich dachte, stets wachsenden Umsatz und Ertrag verbucht.

Ein spannender Gedanke ist auch die Überlegung: Was braucht der Mensch? Zum Leben relativ wenig, aber der Mensch hat vor seinem Erdenleben schon entschieden, was er braucht, denn das, was er hat, ob viel, sehr sehr viel, möglicherweise sogar auch nichts, ist genau das, was er braucht, um seine ganz individuellen Erkenntnisse und Erfahrungen zu machen.

Sehr viel Reichtum kann auch zu der Erkenntnis führen, dass dieser nur ein Werkzeug ist, um zu erkennen, dass es darauf nicht ankommt. Man kann ihn ins Jenseits nicht mitnehmen, also warum ihn so wichtig nehmen?!

Nach seiner Arbeitszeit befragt sagt Benno, dass er maximal 6 bis 8 Stunden am Tag arbeite. Weniger sei mehr. Es sei nicht wahr, dass man 15 Stunden arbeiten müsse, um gut zu verdienen. Es helfe in solchen Fällen, sich öfter mal selbst zu beobachten und sich selbst zu »verdächtigen«, ob man sich nicht vielleicht zu sehr mit einer Arbeit identifiziere und Mängel an echtem Selbstwertgefühl und innerem Reichtum mit einem Mehr an Arbeit ausgleiche.

»Sei dir selbst verdächtig und hinterfrage, was du da tust. Geh trotzdem liebevoll mit dir um und frage dich regelmäßig: Warum tue ich das eigentlich? Wozu, wo will ich hin, was möchte ich wirklich erreichen? Nur wenn du öfter dein eigener Beobachter sein kannst, hast du eine Chance, dem Hamsterrad zu entkommen, denn nur aus der Position des Beobachters heraus wird dir klar, dass du es dir selbst gebaut hast.«

Einzelenergetisierung bei Thomaz Green Morton in Brasilien

Ich sag es gleich: Diese Reise 2006 war das Ungewöhnlichste, was ich bisher in meinem Leben erfahren durfte. Auch wenn ich in kleinerem Rahmen schon viele ähnliche Dinge erlebt habe. Aber Thomaz ist der Gipfel.

Und: Dieses Kapitel ist eigentlich nur eine Art Vorbereitung für das letzte Kapitel des Buches. Und es ist so ausführlich, weil ich auch ein Gefühl für den Inhalt und meine Erlebnisse dabei vermitteln und nicht nur sachliche Informationen weitergeben möchte. Ich empfehle daher, die nächsten beiden Kapitel zu lesen, wenn du vielleicht ein bisschen Zeit hast, um danach spazieren zu gehen und dir Gedanken zu machen, was das alles für dich und dein Leben bedeutet – oder auch nicht. *Glaub mir nix, fühl in dich rein, was für dich stimmig ist. Und das geht in der Natur oft besonders gut.*

Ich habe Thomaz vor etwa einem halben Jahr beim *Frankfurter Ring* kennen gelernt. Die Veranstaltung war nicht ganz so wie erwartet! Sie war ziemlich teuer und dafür erwarteten die Zuschauer

- einen professionellen Vortrag (nichts zu wollen, so professionell wie bei einem vierjährigen Kind; nur wer in der Lage war, zwischen den Zeilen zuzuhören, konnte Interessantes vernehmen)
- eine Menge überzeugender Vorführungen von gigantischen Phänomenen (er dachte gar nicht dran, man konnte nur für sage und schreibe 200 Euro pro Stück bereits fertig gebogene Gabeln und Messer kaufen) und

- eine turbostarke, gut spürbare Energie (die zumindest hatte ich).

Thomaz berichtete von seinen Anfängen (dass ein Energieblitz in ihn hineingeschossen sei, als er 12 Jahre alt war, und dass er seitdem extreme paranormale Fähigkeiten habe), leitete eine geführte Meditation, führte uns sein neuestes Kuscheltier vor und ließ verschiedene Parfumdüfte aus den Fingern tropfen. Aus dem Publikum konnte man das natürlich nur riechen, aber nicht genau sehen und das enttäuschte viele. Auch dass sich kein so rechter roter Faden für den Verstand in der Veranstaltung finden ließ und seine unkonventionelle Art waren für viele schwer verdaulich.

Ich war vermutlich eine der Wenigen, die sich stur nicht abschrecken ließen. Zum einen bin ich stark »Guru- und Medienerfahren« (ich meine natürlich spirituelle Medien wie Heiler, Hellseher und Konsorten, nicht Radio und TV) nach vielen Besuchen bei vielen außergewöhnlichen Menschen auf der ganzen Welt. Und der Geruch der Parfums erinnerte mich sofort an die Düfte, die *Bala Sai Baba* in Hyderabad in Indien (nicht der bekannte *Sathya Sai Baba* in Puttaparthi) ebenfalls aus dem Nichtphysischen manifestiert.

Im Jahr 2001 hatte ich oft in Hyderabad auf meinem Bett gesessen und meine Erlebnisse und anderes in meinen Handheld-Organizer geschrieben. Ich wünschte mir dabei, ein Zeichen zu erhalten, wann der Guru zur Audienz erscheinen würde (was immer völlig unvorhersehbar geschah). Und tatsächlich wehte mir ganz häufig sein durchdringender Parfumduft um die Nase, als wäre er vor meiner Tür vorbeigegangen. Und wenn ich dann nach unten ging, kam er genau in diesem Moment aus seinen Räumen.

Und so riecht nichts anderes, das ich kenne. Diese Parfums sind durchdringend und sehr blumig und total natürlich. Man riecht sofort, dass keinerlei künstliche Zutaten enthalten sind. Insofern haben mich die Düfte bei Thomaz überzeugt, noch dazu, da sie mehrmals sehr plötzlich die Duftnote änderten.

Zum anderen kam mir aber auch die Art der Energie bekannt vor. Extreme paranormale Fähigkeiten scheinen öfter mal mit einer sehr kindlich unbefangenen, überhaupt nicht dressierbaren und einer maximal unangepassten Persönlichkeit einherzugehen. Thomaz redet gelegentlich über »Scheißhausdetails« und Bala Sai Baba z.B. über »klappernde Schamlippen«. Da bleiben nur noch die ganz Sturen sitzen. Und die kommen dann in den Genuss der Energieerfahrung. Der Rest sortiert sich selbst aus.

Wir – meine Freunde, die mit bei der Veranstaltung waren und ich – fanden einige Teilnehmer, die schon zur Einzelenergetisierung in Brasilien gewesen waren. Deren Darstellungen trugen ein Weiteres dazu bei, uns zu überzeugen.

Und so war ich eiligst bemüht, mir ebenfalls einen Termin in Brasilien zu beschaffen. Auch das hat weitere Sturheit erfordert, denn so schön deutsch und effizient durchorganisiert ist da gar nichts. Man muss damit leben können, ein bisschen in Ungewissheit und luftleeren Räumen herumzuhängen. Wird es jetzt klappen oder nicht? Wo muss ich denn überhaupt genau hin? Um welchen Flughafen geht's, denn ohne das zu wissen, kann ich ja kein Ticket kaufen?! Ich habe bis heute noch immer keine Postanschrift von Thomaz' Haus, wo die Energetisierungen stattfinden, usw. In Brasilien anrufen kann man knicken: Es ging – zumindest bei mir – nie einer ans Telefon!

So etwas fällt manch einem schwer und es ist auch sehr ungewohnt. Noch dazu zahlt man derzeit 8.000 Euro für eine Einzelenergetisierung (dauert 2 Mal ein paar Stunden), und die »Abschreckpreise« steigen weiter, so wie die Nachfrage ebenfalls.

Aber wie gesagt, so leicht bin ich nicht zu vergraulen, und wenn es nicht dieses Mal geklappt und ich den Flug wieder hätte stornieren müssen, dann wäre ich halt ein anderes Mal geflogen. So leicht wäre er mich nicht losgeworden …

Erste Energetisierung

Ich kam um 5 Uhr morgens in Brasilien an, wurde von einem Taxi abgeholt und verbrachte die ersten zwei Tage im Hotel in Pouso Alegre, einer Kleinstadt, 200 km von Sao Paulo entfernt. Christine, die Thomaz organisiert und übersetzt und außerdem seine Ehefrau ist, holte mich dann am zweiten Abend zur ersten Energetisierung kurz nach 17 Uhr im Hotel ab. Sie sagte mir, das Organisieren sei öfter mal schwer für sie, weil sie den Leuten keine festen Angaben machen könne, weil man eben nie genau weiß, was Thomaz einfällt.

So hatte sie zwar angekündigt, die Energetisierung ginge von 17 Uhr bis Mitternacht. De facto hat er aber eine einstündige Mentalisation (das ist seine Art einer geführten Entspannung) ab 18:30 Uhr gemacht, dann eine Energetisierung und eine abschließende Entspannung, und dann waren wir um 22 Uhr fertig für den ersten Tag.

Das kommt mir auch vor wie bei Bala Sai Baba in Indien. Man darf nichts erwarten und man muss es nehmen wie es kommt.

Interessant waren ein paar Dinge aber trotzdem schon am ersten Tag: Als ich bei Thomaz auf der Terrasse saß und wartete, sah ich auf dem Hügel gegenüber immer wieder hohe Stichflammen lodern, und dann waren sie schlagartig wieder weg. Wenn Thomaz oder Christine raus kamen, gab es nichts zu sehen. Wenn sie wieder drin waren, gingen die Stichflammen wieder los und sie waren richtig hoch. Am Schluss fiel Christine dann ein, dass da manchmal Feuerwehrübungen gemacht werden.

Ich erzähle das, weil ich bei seiner Energetisierung vor meinem Gesicht eine ähnliche Stichflamme gesehen habe. Es war für ein paar Sekunden lang extrem hell und ich musste die Augen fest zukneifen, weil ich das Gefühl hatte, es blendet mich. Das Augenzukneifen half nur nichts, es blieb genauso hell. Es war wie eine große, starke gelb-orangefarbene Flamme, aber ohne irgendeine Temperatur, obwohl es direkt vor meinem Gesicht war.

Als ich wissen wollte, was das für ein Licht gewesen sei, hatte Thomaz nichts gesehen und wollte nur wissen, was für eine Farbe das Licht gehabt hätte und wie es ausgesehen hätte. Ich dachte erst, er mache Spaß, weil ich überzeugt war, er hatte diesen Stichflammeneffekt mit irgendwas ausgelöst. Aber offenbar hatte er tatsächlich nichts gesehen.

Die ersten Skeptiker zu Hause wollten wissen, ob ich irgendwelche Drogen bekommen hätte. Nein, ich habe gar nichts bekommen. Ich habe im ganzen Leben noch keine Drogen genommen und auch an diesem Tag nicht. Ich habe an beiden Tagen im Hotel spät zu Mittag gegessen und erst nach den Energetisierungen wieder irgendetwas zu mir genommen. Leitungswasser habe ich am ersten Tag getrunken, das war es aber auch schon.

Thomaz hielt es für ein gutes Zeichen, dass ich das grelle Licht gesehen hatte und zeigte mir ein Foto, bei dem ein ähnliches Licht zwischen seinen Händen zu sehen ist. Da hatte er die Energie total konzentriert innerlich eingeladen, und ein Fotograf hatte nur seine Hände fotografiert, zwischen denen man auch so eine Art starkes Feuer sehen konnte. Er meinte, er nutze diese Energie zum Energetisieren, aber er sähe sie nicht immer. Er fühle sie nur und dass ich sie sehen konnte, fand er gut. Dann wäre ich in Resonanz damit.

Ansonsten hat er mir die Stirn massiert beim Energetisieren und nach einer ganzen Weile wurde es unter seinem Daumen feucht und fing an, stark zu duften. Die Feuchtigkeit begann in der Mitte des Daumens und wurde dann langsam mehr. Das Beste war, als er mir beide Zeigefinger von außen auf die Nasenwurzel drückte und der Duft ins *Innere* meiner Nase hineintropfte!

Eine Sekunde später änderte sich die Geruchsnote total: Von Tigerbalm-Minzgeruch auf süßliches Frauenparfum. Meine Haare rochen noch eine Woche später, zurück in Deutschland und nach dreimal waschen. Manfred, mein Mann, meinte abends im Bett mehrere Tage lang, ich würde immer noch »nach Guru« riechen, weil auch ihn der Geruch an den Ashram von Bala Sai Baba erinnerte.

Das waren meine ersten kleinen persönlichen Phänomene des ersten Tages, an dem es also noch recht harmlos abging. Die Energie empfand ich schon als sehr stark kräftigend und auch erdend. Es fühlte sich an, als sei ich hungrig gewesen und hätte Kraftfutter bekommen. Dementsprechend war der Körper hinterher kräftiger und stärker.

Nach der Energetisierung haben die beiden mich zurück ins Hotel gefahren und wir haben zusammen eine Suppe gegessen. Da ich nur zu Mittag gegessen und getrunken hatte, war ich sehr hungrig und durstig. Auf dem Tisch stand eine dicke, ausgehöhlte Kerze mit einem Teelicht drin. Sie war Thomaz zu weiß. So goss er Rote-Beete-Saft rein, bis die Kerze schön rot leuchtete. Der Kellner guckte wenig entzückt, aber so, als sei er Kummer mit diesem Stammgast gewöhnt.

Dann sollte ich drei Zuckerpäckchen vom Tisch mitnehmen, denn die wollte Thomaz am nächsten Tag für mich energetisieren. Als ich sagte, dass ich keinen Zucker esse, meinte er, das mache nichts. Dann würde er den Zucker für mich in energetisierten Pfefferminztee umwandeln, ob ich den mögen würde?! Christine meinte, er würde das wirklich tun. Ich war gespannt.

Zweite Energetisierung

Der zweite Abend bei Thomaz war völlig abgefahren und das größte Wunder, das ich in meinem bisherigen Leben erfahren durfte. Details folgen sogleich. Ich muss nur nach wie vor sagen, Skeptiker treten die Reise besser nicht an. Das Medium Thomaz und die Energie selbst sind wie zwei verschiedene Paar Stiefel, meinem Eindruck nach. Und auch das deckt sich mit Erfahrungen bei anderen starken Medien.

Bala Sai Baba kam mir in dem Punkt ähnlich vor. Dort hatte ich mir gedacht – wie die meisten aus meinem Freundeskreis wissen – dass ich mir so einen »hässlichen materialisierten Ring« von ihm nur anziehen würde, wenn er klein und fein wäre und nicht so protzig wie die meisten anderen, die ich gesehen hatte. Wenn außerdem der Stein grün wäre und wenn der Ring auf den Ringfinger der linken Hand passen würde, dann o.k. Zwei Tage später hatte Bala Sai Baba genau so einen Ring für mich materialisiert und ihn mir ohne nachzufragen auf den Ringfinger der linken Hand gesteckt, wo er hervorragend passt. Und wenn man ihn dann fragte, wie er auf so eine Idee gekommen sei, dann zuckte er nur die Achseln. Das denkt »Gott in ihm« sich aus, nicht er.

Das war natürlich überhaupt so ein Thema in Indien: Bala Sai Baba sieht sich als direkte Inkarnation (Wiedergeburt) Gottes und lässt sich in der dritten Person ansprechen. Nur ja nicht in der zweiten Person, denn er ist ja Gott persönlich. Das ist halt Indien.

Für uns Europäer ist Thomaz Green Morton da weitaus leichter verdaulich. Er sieht sich als normalen Menschen, sucht normale menschliche Kontakte und man kann ganz normal und ohne jede Ehrfurcht mit ihm reden. Das würde im Ashram in Indien[10] als eine furchtbare Beleidigung gelten.

Die Energie jedenfalls fließt – aber meinem Eindruck nach bei beiden wie bei einem unbefangenen und unbeirrbaren Kind und so, wie es dieser Energie gerade »einfällt«. Thomaz zu belabern, er solle dies oder jenes vorführen, kann man sich demnach völlig sparen. Wenn die Energie mitmacht, dann ist es der Wahnsinn, und wenn sie nicht mitmacht, kann man nicht auf Thomaz schimpfen, denn er entscheidet das nicht! Also, die 8.000 Euro auf den Tisch blättern und sagen: »Los jetzt mach mal, es ist ja teuer genug!«, das kann man vollständig vergessen. Denn wer ist zuständig für die Energie? Der universelle Geist. Wie will man den bezahlen? Geht nicht.

Die 8.000 Euro bezahlt man dafür, dass er sich und seine Zeit zur Verfügung stellt. Dafür, dass die Energie gut ist und dass Phäno-

10 Siehe bei Interesse im Roman »*Der Skeptiker und der Guru*«, in dem ich Erlebnisse in vier verschiedenen Ashrams verarbeitet habe.

mene passieren können, ist jeder mit verantwortlich. Das ist zumindest mein Eindruck. Und ich wollte ihn nur gerne mit euch teilen, bevor ihr scharenweise hingondelt! Das ist im Übrigen sowieso nicht der Sinn dieses Kapitels. Ich hoffe, das Erlebte so lebendig rüberbringen zu können, dass vor allem die Botschaft dahinter ankommt: Der Geist steht über der Materie und eigentlich ist alles eins und miteinander verbunden in diesem Universum.

Und gerade wenn man womöglich ein wenig zu sehr an der materiellen Welt und an äußeren Reichtümern hängt, dann beamen Thomaz und die Erlebnisse mit ihm einen ganz schnell in ein anderes Bewusstsein. Einige Millionäre, mit denen ich gesprochen habe, haben Zweifel, ob es jenseits von Materie wirklich noch irgendetwas Interessantes zu entdecken gibt. Meine Hoffnung ist, dass sie dieser Bericht inspiriert, *ihre Vorstellungen von der Macht der Materie und des äußeren Reichtums etwas zu relativieren* und sich für mehr inneren Reichtum zu interessieren. Was, wenn alles lebt, auch die Materie? Was, wenn ich mich mit allem was ist verbinden und in einen lebendigen Austausch damit treten kann? Und was, wenn ich diese Erlebnisse nur in meinem Inneren hervorrufen kann und nicht im Zählen meiner Reichtümer und meiner »wichtigen« Kontakte im Außen?

Früher war Thomaz übrigens noch deutlich wilder und ungezügelter. Und wenn da ein Kunde mit allzu fettem Ego und starken Forderungen auftrat, dann schubste er denjenigen einfach in den Swimmingpool und das war es dann. Dafür fliegt man dann um die halbe Welt.

Mir fällt da schon wieder Bala Sai Baba ein. Den hatte ich 2001 nämlich mehrmals in Gedanken Dinge gefragt und er hat sie mir dann laut oder durch entsprechende Handlungen beantwortet. Aber wenn ich ihn dann begeistert und dankend anstrahlte, hat er selbst, der Mensch Bala Sai Baba im menschlichen Körper, nur verwundert zurückgeguckt. Er war sich dessen nicht bewusst, dass sein Kommentar oder seine Handlung gerade eine Antwort für mich enthielt. Es ist eben die Energie, die durch ihn wirkt, aber die an seinem Ego ganz oft vorbeiwirkt.

Energie so durch sich wirken lassen kann man nur, wenn man wie ein Kleinkind unkontrolliert und unangepasst ist. Ansonsten würde man viele Dinge nicht sagen und nicht tun, weil sie unverständlich erscheinen, zum Beispiel wenn man nicht weiß, einer der Anwesenden hat in Gedanken genau darum gebeten. Ein waches, kontrollierendes Ego würde ausflippen. Ein spielendes Kind dagegen schwimmt auf der Welle der Energie, tut was auftaucht und denkt nicht darüber nach.

Aber kommen wir endlich zur zweiten Energetisierung. Ich traf gegen 19 Uhr ein und dieses Mal begannen wir gleich mit der Mentalisation auf seiner Terrasse. Dazu hat er sehr bequeme Sitzsäcke in die man sich einkuscheln kann, während wir alle drei (er, Christine, ich) in die Sterne guckten und er die Mentalisation sprach.

Der Text ist ziemlich lang und man könnte in Gedanken auch leicht mal abwandern. Aber ich war wild entschlossen, aus allem das Beste zu machen und so intensiv wie möglich jedes Wort in jede Zelle aufzunehmen, damit ich auch die Energie in ihrer vollen Dosis vorbereitend schon mal aufnehme. Ich war also die ganze Zeit hochkonzentriert dabei.

Wo es in der Mentalisation heißt, man solle sich kranke Freunde und Verwandte in Gedanken gesund und vital vorstellen, stellte ich mir unter anderem einen stark hervorstehenden Riesenleberfleck meines Sohnes vor, wie er nur noch als platter brauner Fleck auf der Haut übrig bleibt. Ich hatte für die Woche nach meiner Rückkehr einen Termin beim Hautarzt zum Wegschneiden vereinbart, weil der Fleck wirklich fingerdick abstand und unangenehm störte.

Als ich nach Hause kam, erlebte ich jedoch die große Überraschung: Der Leberfleck hatte genau das gemacht, was ich mir in Gedanken vorgestellt hatte. Er ist noch da, aber nur noch als flacher brauner Fleck. Alles andere hat sich zurückgebildet. Ich war fast erschrocken und natürlich auch sehr erfreut. Bewusst wurde mir dabei, dass ich die Kraft dieser Mentalisation aufgrund von Thomaz' schlichter Art offenbar immer noch unterschätzt hatte.

Kleine, interessante Umwege

Ich hatte Thomaz ein kleines Geschenk mitgebracht, das ich ihm gleich am Anfang überreichte. Nämlich ein auf meinem Drucker ausgedrucktes Exemplar meines Kinderbuches »Mama, wer ist Gott?«[11] extra für ihn ins Portugiesische übersetzt. Er las es sofort und begeisterte sich total dabei auf seine ganz typische, kindliche und sehr lebendige, naiv wirkende Art. Die Philosophie der Geschichte sei genau wie bei seiner Mentalisation, meinte er.

Er hatte mir erzählt, wie gerne er die Schlösser in Deutschland mag und dass er am liebsten eins hätte. Schlösser liebe ich ja ebenfalls und ich hatte mir »rein zufällig« vor dem Abflug am Münchner Flughafen ein Mousepad mit Schloss Linderhof als Motiv drauf gekauft. Ich hatte nun das Gefühl, es eigentlich für Thomaz gekauft zu haben und brachte es ihm jetzt, am zweiten Tag, aus dem Hotel mit. Er guckte sich auch das nicht einfach nur an, sondern studierte zehn Minuten lang entzückt jedes Detail und freute ich dran. Diese Fähigkeit, ganz bei der Sache zu sein, habe ich wirklich bewundert.

Dass ich danach seine Stofftiersammlung sehen durfte war eine besondere Ehre. Sie ist erstaunlich. Er sammelt alles an Tieren und Puppen, was sich irgendwie bewegt oder singt. Ein Hund mit Regenhut singt »I'm Singing In The Rain«, ein anderer tanzt Salsa und ruft »Arriva« dazu, eine Ente tanzt zu Oktoberfestsongs, etc.

Wenn es um alberne Dinge geht, bin ich meist schnell dabei, und so saßen wir nicht viel später zusammen am Boden und zogen alle seine Kuscheltiere gleichzeitig auf. Es war ein wunderbares Chaos und ich fand die Tiere allesamt köstlich.

11 Erschienen im Hans-Nietsch Verlag

Gedanken darum, wann die »wichtige Energetisierung« denn endlich anfangen würde, machte ich mir in dem Moment nicht. Mir ist klar, dass selbst im normalen Leben jede Art von Berechnung falsch ist und an so einem Ort erst recht. Also ließ ich, aus Gründen der Berechnung, die Berechnung lieber gleich fallen.

Die hüpfenden Münzen

Und es hat sich gelohnt. Bestens gelaunt und sehr aufgekratzt zogen wir schließlich weiter und setzten uns an einen Tisch im Vorzimmer des Energetisierungszimmers. Dort sollte ich etwa fünfzehn Münzen aufnehmen und in beiden Hände halten, die ich wie eine Schale formte. Thomaz konzentrierte sich und schickte in Gedanken Energie in meine Hände. Und ganz plötzlich ging es los. Erst schien die Luft dicker zu werden und leicht zu flimmern. Und dann schienen die Münzen lebendig zu werden. Sie bewegten sich in meinen Händen. Sie rutschten hin und her und turnten in meinen Händen herum. Es fühlte sich an, als seien sie so mit Energie geladen, dass sie nicht mehr stillhalten konnten. Manchmal stellten sie sich sogar senkrecht auf in meiner Hand. Oder es fühlte sich an, als seien sie lebendig geworden und fingen an zu spielen, so wie alles bei Thomaz und an Thomaz spielt.

Die Münzen hüpften also in meinen Händen. Wir ließen uns Zeit, und ich konnte das sonderbare Gefühl der in meinen Händen hüpfenden Münzen ausgiebig genießen. Dann sagte er mir, ich solle mentalisieren, dass eine Münze sich in der Mitte zusammenfalte und eine zweite solle eine Wellenform annehmen, so wie bei dem großen Münzanhänger, den er mir ein paar Minuten zuvor schon geschenkt hatte.

Das hatte er kaum ausgesprochen, da hüpfte schon eine Münze – zack bumm – in die zusammengeklappte Form. Da war nix mit langsam sich biegen. Es war einfach ihre nächste Bewegung. Wusch und klapp und fertig. Dann suchten wir die anderen Münzen in meiner Hand durch und tatsächlich, da hatte auch schon eine die Wellenform angenommen. (Wer will, findet Fotos dazu auf meiner Homepage, siehe Anhang.)

Nun sollte ich lediglich diese beiden Münzen in die Hand nehmen und er sagte, ich solle in Gedanken mitmachen, die beiden Münzen wieder zu energetisieren. Sie müssten ja noch ineinander reinrutschen, und dann müsste sich die geklappte Münze so fest über die gewellte schließen, dass sie fest zusammenhalten. Das dauerte eine ganze Weile, aber es war total spannend, wie ich sofort spüren konnte, wenn die Energie wieder stärker wurde. Die beiden Münzen wurden dann wieder lebendig und bewegten sich aufeinander zu und umeinander herum. Nach wie vor in meiner Hand und ohne dass Thomaz mich berührt hätte.

Da die Münzen immer wieder aneinander vorbeihüpften, schob Thomaz sie schließlich mit der Hand ineinander und bat Gott, dass sie sich fest verschließen sollten. Und das muss man erlebt haben. *Es war der Hammer und das unglaublichste Gefühl der ganzen Reise für mich.* Ich sah die zwei Münzen in meiner Hand und ich sah und fühlte, wie die obere zubiss und die untere fest umklammerte. Ich konnte spüren, mit wie viel Kraft die Münze zudrückte. Es fühlte sich an wie eine Kraft von mehreren Tonnen. Die Münze biss sich fest und formte sich dabei so, dass sie die untere Münze fest umschlang und überall auf der gewellten Münze glatt auflag. Eigentlich ein bisschen so, als sei es so viel Kraft, dass die obere auf der unteren fest schmolz. Ich sah und fühlte jede Bewegung und ich empfand es als atemberaubend! Als ich die beiden Münzen danach hochnahm, klebten sie wirklich bombenfest aneinander.

Damit waren wir noch nicht fertig. Thomaz schickte noch mehr Energie in meinen fertigen Anhänger und ich sollte mir vorstellen, dass die Energie wie magnetisch wäre und dass ich damit ein paar von den auf dem Tisch liegenden Münzen hochheben könnte. Die Übung gefiel mir, na klar. Die Kraft dieser Energie noch mehr spüren und noch mehr damit rumspielen, juchu!

Es klappte hervorragend und ich konnte bis zu acht andere Münzen in einer Kette hochheben mit meinem Anhänger. Wenn ich allerdings lachen musste, brach alles in sich zusammen und Thomaz schimpfe, ich solle mich konzentrieren.

Er nahm dann meinen Fotoapparat und machte haufenweise Fotos von meinen Versuchen, die Münzen mit meinem Anhänger vom Tisch hochzuheben, nur durch die Kraft der Vorstellung und durch die Energie.

Thomaz schrie und quietschte dabei mitunter wie ein Kind: »Schau nur, was du machst, ich suche hier herum an deiner Kamera, ich konzentriere mich gar nicht mehr auf die Münzen, das machst du selber. Und, huh, ich dachte zwei bis drei Münzen wäre gut, wenn du das schaffst, aber was machst du, da sind ja acht! Halt, halt, ich muss erst scharf stellen...«. »Halt, halt«, führte bei mir gleich zu Leistungsdruck und so brach der Turm zusammen. Aber es war zu schön. Ich stellte mir die Kraft wieder vor und Thomaz schob wieder Energie nach und dann bekamen wir noch ein paar Ketten für schöne Fotos zustande.

Ich solle üben, meinte er. Wobei ich Probleme hatte zu glauben, dass das ohne seine Hilfe je gelingen könnte. Andererseits weiß ich natürlich: »What you believe is true« – »Was du glaubst ist wahr«.

Weitere Wunder

Dann zeigte er mir, wie man Löffel und Gabeln biegt. Man biegt nicht selbst, sondern hält den Löffel einfach nur zwischen den Fingern, dreht ihn am Hals ganz schnell und stellt sich vor: »Spirale, Spirale, verdreh dich Löffel, verdreh dich.« Ich habe es fotografiert – in verschiedenen Schritten. Die erste Drehung entstand zwischen seinen Fingern am unteren Rand des Löffels, der Rest war noch gerade. Doch nach zwei weiteren Zwirbelbewegungen war der Hals des Löffels vollständig aufgewickelt. Dann nahm er einen anderen Löffel, drehte wieder, schickte mit der anderen Hand Energie und schrie:

»RAAA, eine andere Form, bitte.« Und mit diesmal nur einem Zwirbeln hatte dieser Löffel eine ganz andere Form angenommen als der zuvor. Ich habe eifrig alles fotografiert und habe auch alle diese vor meinen Augen produzierten Dinge nach Deutschland mitgebracht.

Eine Gabel hat er übrigens einfach nur zwischen zwei Fingern gehalten und mit vielen Raaa-Rufen klappte sie von ganz alleine zusammen und fiel schließlich in zwei Teile zerbrochen auf den Tisch. Und er hat die Hände dabei noch nicht einmal bewegt.

Irgendwann waren wir fertig mit der Münzen- und Löffel-Gabelshow. Als nächstes kam Parfum. Ich hatte ja schon am Vortag gespürt, dass es in der Mitte seiner Finger tatsächlich feuchter wird, so als würde er Parfum schwitzen. Heute durfte ich ihm dabei auf die Finger und Hände sehen. Beide Hände waren ganz trocken, bevor er anfing. Er schickte sich dann selbst Energie in die Hände und ich konnte sehen, wie die ersten Tropfen aus den Fingerkuppen austraten. Das wurde dann schnell sehr viel mehr und schließlich war die ganze Handfläche voller Parfum und duftete enorm! Als es noch mehr wurde, holte er ein Parfumgläschen und ließ die Flüssigkeit hineintropfen. Mal lief ein ganzer Strahl von Parfum und mal tropfte es nur.

Aber immer saß ich so dicht mit der Nase davor, dass ich sehen konnte, wie sich die Flüssigkeit einfach so aus seinen Fingern und Händen herausbildete. Er drehte die Hand auch mehrmals um, damit ich sehe, dass nichts dahinter ist, aber das war gar nicht nötig, weil ich ja mit meinen eigenen Augen sah, wie es aus den Poren austrat, an Stellen, die zuvor knochentrocken gewesen waren.

Auch davon habe ich viele Fotos gemacht. Filmen mag er leider nicht so. Aber die Fotos sind auch schon sehr eindrucksvoll, für mich als Erinnerung zumindest.

Lichtbälle und Energiekugeln

Dann hatten wir soweit genug gezaubert und gingen ins Energetisierungszimmer. Ich legte mich auf die Liege und er machte alle

Lichter aus und ließ nur einen ganz kleinen Lichtstrahl vom Vorraum rein, so dass wir blass noch unsere Umrisse sehen konnten. Was dann folgte, war der nächste wundersame Teil. Ich hatte wieder weder irgendwas gegessen noch getrunken, das nur zur Anmerkung für Skeptiker.

Am Tag zuvor hatte ich beim Energetisieren ja dieses gleißende, feuerartige Licht direkt vor meinem Gesicht gesehen, von dem er nichts gesehen hatte. Er hatte nur gesagt, dass es ein sehr gutes Zeichen sei und dass ich heute bestimmt noch viel intensiver das Licht wahrnehmen würde. Womit er nicht übertrieben hatte!

Diesmal war es so, dass er gerade anfangen wollte und die Finger auf mein Drittes Auge legte, als schon ein riesiges rot-goldenes Licht explosionsartig wieder genau vor meinem Gesicht hochschoss. Wir brüllten beide erschrocken auf und Thomaz machte einen Satz nach hinten, denn diesmal hatte er es auch gesehen und war selbst überrascht. Beide völlig aus dem Häuschen erzählten wir uns, was wir gesehen hatten. Ich bin sicher, Thomaz erlebt das ständig, aber er ist eben so, dass er sich auch beim hunderttausendsten Mal wieder freut und springt wie ein Kind.

So wie Thomaz es gesehen hatte, war es eine große Lichtsäule gewesen, die in meinen Körper hineingegangen war. »Warte, wir versuchen etwas anderes«, meinte er nun (wir sprachen ein englisch-portugiesisch-deutsch Mischmasch). Er legte sich neben mich auf die Matte, hielt meine Hand fest und hielt die andere Hand in die Luft und sagte: »Gott, diesmal habe ich einen ganz besonderen Gast, einen Engel, eine neue Freundin. Wenn es möglich ist, schick ihr Licht, zeig ihr noch eins von deinen Lichtern … « (alle seine Gäste sind für ihn etwas Besonderes, er hat eine sehr liebevolle Art).

Und dann brüllte er begeistert »RAAA, hast du es gesehen?« Nein, ich hatte leider nichts gesehen. Ich sagte ihm, dass ich die beiden Lichter bisher, das gestern und das heute, auch nur mit geschlossenen Augen gesehen hätte. Ich machte die Augen zu und er wollte es noch mal versuchen. »Hurra«, nun brüllte ich auch begeistert! Diesmal hatte ich mit geschlossenen Augen einen großen bunten Lichtball über Thomaz aufblitzen sehen. Diesen hatte allerdings Thomaz nicht gesehen.

Er war nicht ganz zufrieden. Erstens machten wir nun aus, dass wir RAAA brüllen würden, wenn wir ein Licht sehen, damit wir gleich wissen, ob der andere das gleiche Licht gesehen hat, und zweitens wollte er, dass ich jetzt doch auch die Augen auflasse. Ich sollte mich einfach besser konzentrieren, es müsse auch mit offenen Augen gehen. Ich gab mein Bestes. Ich stellte mir vor, dass jede einzelne Zelle meines Körpers mitmacht, dass mein Herz weit offen ist und dass nur das Allerbeste zu meinem allerhöchsten Wohl passieren kann und dann lud ich innerlich das Licht ein, dass ich es auch mit offenen Augen sehen könnte.

Und tatsächlich, diesmal klappte es. Wir sahen beide mit offenen Augen einen riesigen, weiß-blauen Lichtball aufleuchten. Ich hüpfte vor Aufregung fast von der Matte und Thomaz war begeistert wegen der Stärke der Energie. Dann flippten wir für eine Weile völlig aus. Wie zwei Kinder, die begeistert mit göttlich-universellen Lichtbällen spielen, dankten wir abwechselnd für jede Lichterscheinung und baten dann um die nächste.

Einmal bat er um ein Licht für meine Kinder. Und prompt erschien ein großer rosa Lichtball. Diese Bälle waren etwas größer als die typischen Gymnastiksitzbälle und erschienen jeweils etwa einen halben bis einen ganzen Meter über uns. Und jedes Mal erzählten wir uns, was wir gesehen hatten und verglichen die Farben. Wenn wir beide die Lichtblitze wahrnahmen, sahen wir offenbar immer beide dasselbe.

Dann wollte er eine neue Variante probieren. Ich sollte die Hände nach oben halten und er bat die universelle Kraft und Gott, sein Licht direkt in meine Hände scheinen zu lassen und puff, selbst das klappte! Mitten im Dunkeln konnte ich meine Hände und Fingerringe genauestens erkennen und hielt für einige Sekunden eine große Lichtkugel in beiden Händen.

Ich seufzte zwischendrin vor Glück und sagte laut: »Ich danke dir, universelle Intelligenz, dass du mich hierher gebracht hast.« Flush, erschien noch eine weiß-blaue Riesenkugel genau über mir. Ich jubilierte über diese himmlische Antwort und Thomaz fragte nur, was los sei, denn diese Kugel hatte er nicht gesehen. Er hatte die Augen zugehabt und sich entspannt. Ich sagte es ihm und er war ganz aus dem Häuschen, jetzt würde ich schon ganz alleine meine eigenen Lichtkugeln machen. Ich sei sehr, sehr speziell. Eines Tages würde er mich mal mitnehmen in so ein Licht.

Dazu muss man wissen, dass er mitunter ganze zwei Wochen in diesen Lichtern verschwindet und dann total aufgeladen wieder kommt. Den Kindern zuliebe würde ich lieber nur zwei Tage lang mitgehen, aber das sei kein Problem, meint er. Machen wir alles, wenn die Zeit reif dafür ist …

Christine hat mich später noch drauf aufmerksam gemacht, dass man auch in einer Einzelenergetisierung diese Lichtblitze nicht immer sehen kann. Man braucht die Fähigkeit, sich innerlich zu öffnen und zu vertrauen, sonst sieht man nichts, egal wie viele Lichtblitze Thomaz herbeiruft. Und offenbar sieht man sie ja auch mit dem Dritten, dem spirituellen Auge und nicht mit den physischen Augen. Das hatte ich ja am ersten Tag festgestellt, als das Augen-Zukneifen nichts geholfen hatte und das Licht trotzdem genauso grell blieb.

Später zu Hause in Deutschland habe ich noch erfahren, dass andere Klienten die Lichtblitze als Ja-Nein-Antwortblitze nutzen. Das heißt, sie haben Fragen und wenn die Antwort positiv ist, blitzt ein Lichtblitz auf und wenn es ein »nein« ist, kommt kein Blitz. Ich hatte keine Fragen, wir haben daher nur so mit den Lichtblitzen gespielt.

Wieder jemand anders erzählte mir gestern, er sähe solche Blitze bei Gruppendrogensitzungen. Wobei ich vergessen habe zu fragen, ob dann alle die gleichen Farben sehen oder ob jeder in seinem Privatrausch ist und eigene Dinge sieht. Was ich eher vermute. Drogen sind, wie alle wissen, die mich kennen, nicht mein Weg. Mir ist schon das Koffein im grünen Tee zu stark und ich mag es nicht im Körper haben.

So langsam beendeten Thomaz und ich dann diese Session und er rief nach Christine, der wir alles erzählten.

Er war sehr vergnügt und sagte, so viel Energie sei mit einem Besucher zusammen seit Jahren nicht mehr da gewesen. Er sei total begeistert. Na, und ich erst. Diese Reise hat sich wirklich gelohnt!

Seit ich zu Hause bin, werde ich oft gefragt, ob es nun Gott sei, eine universelle oder eine außerirdische Intelligenz, mit der er arbeite. Ich habe keine Ahnung und es ist mir auch wurst, solange ich mich wohl fühle mit der Energie und das tue ich. Ich bin mir nur ziemlich sicher, dass – egal ob universelle oder außerirdische Intelligenz – diese Intelligenz nicht Thomaz prüft, wenn Besucher bei ihm sind. Thomaz kennen sie ja ausreichend.

Wer geprüft wird, mit wie viel Energie man ihm begegnen kann, ist der Besucher. Und da beeindruckt es weder Gott noch sonstige Außerirdische, was wir an irdischer Währung bezahlt haben und wenn es eine Million pro Sitzung wäre. Die Million würden wir immer nur für die Gelegenheit bezahlen, die uns in Thomaz' Anwesenheit geboten wird. Ergreifen müssen wir sie dann trotzdem selber.

Ach ja, den Zucker hätte ich schon wieder fast vergessen. Den haben wir auch in Brasilien fast vergessen. Erst als wir schon schlafen gehen wollten, fiel er ihm noch ein. Wir sind noch einmal zurück ins Energetisierungsbüro gegangen und er hat zwei von den Zuckerpäckchen aus dem Hotel geöffnet, die ich noch in der Tasche hatte und auf ein Blatt Papier geschüttet. Dann hat er mein Parfum (das er zuvor für mich materialisiert hatte) draufgestellt und viele »Raaas« gerufen. Daraufhin wurden die Zuckerkristalle zu Puderzucker und nahmen eine sattgelbe Farbe an. Irgendwie hatte ich es aber nicht mit diesem Tee, ich habe ihn nämlich dort vergessen und nicht mit nach Hause genommen.

Soweit meine persönlichen Erlebnisse. Die beißende und sich mit der unteren verschmelzende Münze war mein »Gefühlshighlight«.

Das optische Highlight war das Parfum, wie es aus den Fingerkuppen austrat und natürlich die starken Lichtblitze, besonders wenn wir beide genau das Gleiche in den gleichen Farben sahen.

Mehr Infos über Thomaz

Nun hat mir Christine noch ganz viel anderes erzählt. Zum Beispiel darüber, dass Thomaz seit Jahrzehnten von Unmengen von Wissenschaftlern geprüft, getestet und gefilmt wird. Das ist mit ein Grund, warum er leicht frustriert reagiert, wenn die Leute nur Phänomene von ihm wollen, statt zu lernen, wie sie mit der Mentalisation ihre eigenen Heilkräfte entwickeln. Er hat das Gefühl, schon so viel getestet worden zu sein, dass es allmählich gut sein müsste. Aber natürlich ist es ein meilenweiter Unterschied, ob man einen Bericht liest oder es selbst erlebt. Hier ein paar der Infos von Christine und aus einem Buch, das ein kanadischer Wissenschaftler 1988 über ihn geschrieben hat:

Thomaz hat aus 4000 Teilen seinen »Friedenskrieger« gebaut (siehe Fotos bei mir im Web). Diese Skulptur hat innere Organe, Augen, Nase, Ohren und sogar Chakren. An ihr hängen ganz viele Bestecke mit Löchern und Verbindungsringen. Diese Löcher hat Thomaz nicht gebohrt, sondern sich einfach drauf konzentriert. Und dann erschienen die Löcher, fertig. Das Ding wurde von Wissenschaftlern vermessen und die fanden heraus, es gäbe Energieformen in diesem Friedenskrieger, die auf der Erde unbekannt seien.

Thomaz kann jeden beliebigen Duft produzieren (vorausgesetzt die Energie ist stark genug in dem Moment). Einmal hat er Chanel No. 5 nachgemacht und eine französische Wissenschaftlerin hat es zu Chanel nach Frankreich gebracht. Die waren hoch erstaunt und sagten, dass sie den Duft in dieser Reinheit niemals erzeugen könnten.

Er kann, wenn die Energie grad passt, und da hört die beliebige wissenschaftliche Wiederholbarkeit eben auf, fast alles in fast alles andere verwandeln.

Als seine Schwester neulich mal wieder Geburtstag hatte, hat er überlegt, was er ihr schenken könnte und hat dann allen Ernstes seine Küchenscheuerwolle genommen, in Gold verwandelt und zu einem Armband verarbeitet (alles mental, er fasst die Dinge oft noch nicht einmal an dabei). Die Schwester hat das Armband zum Juwelier getragen, weil es so extrem leicht ist und sie nicht glauben konnte, dass es Gold wäre. Ist es aber laut Bestätigung des Juweliers.

Er kann auch völlig zerdepperte Knochen wieder zusammenwachsen lassen, als wäre nichts gewesen. Außer er selbst bricht sich den Arm. Den lässt er eingipsen. Bei sich selbst schafft er es, warum auch immer, bisher nicht. Ich finde, das macht ihn sehr menschlich, denn dieses Phänomen kennen die meisten. Anderen kann man ganz toll helfen oder kluge Ratschläge geben, aber sich selbst oft nicht. Das nennt man dann Betriebsblindheit.

Es gibt unzählige Heilungsgeschichten. Er ist bekannt bei der gesamten Crème-de-la-Crème an brasilianischen Ärzten und Wissenschaftlern. Ein Patient aus Sao Paulo kam, weil er so stark Diabetes hatte, dass beide Beine schwarz geworden waren und amputiert werden sollten. Thomaz konnte ihn mit mehreren Energetisierungen vollständig heilen und der Mann, ein Großindustrieller, hat ihm dafür eine Terrasse mit Swimmingpool auf sein Grundstück bauen lassen.

Thomaz' Grundstück ist ziemlich groß und enthält mehrere Chalets, für seine schon erwachsenen Kinder oder die Exfrau, wenn sie zu Besuch kommen.

Dann gibt es noch einen ewig langen, überdachten Gang mit Tausenden von Fotos von Leuten, die schon bei ihm waren. Den Gang hat er für nichts anderes als die Fotos gebaut und er geht täglich durch und schickt allen Leuten auf den Fotos dabei Energie, um alle, die je da waren, weiterhin zu energetisieren.

Wer weder Zeit noch 8.000 Euro übrig hat, aber Wunder sehen will, dem empfehle ich die Bücher über Christos Drossinakis (siehe auf **www.baerbelmohr.de** auf der Startseite unter »Heiler und Co.«) oder das Video »Zé« (findet man mit Google zum Bestellen übers Web) über brasilianische Wunderheiler.

Einer der Heiler in dem Video sagt, dass er heilen muss, sonst wird er geistig verwirrt. Er könne sich dann nicht mehr konzentrieren, sei orientierungslos und fühle sich nicht gut. Solange er regelmäßig seinen Körper den Wesen zur Verfügung stelle, die durch ihn heilen wollen, gehe es ihm gut, wenn er dann selbst in seinem Körper sei.

Das ist eine interessante Aussage und macht klar, warum es nicht unbedingt wünschenswert ist, selbst so ein Medium zu werden. Wer nähere Infos haben möchte zu den Energien, die da vielleicht am Werk sind und wieso, der findet in meinem kostenlosen Online-Magazin einen Artikel über »Zwischenebenen« dazu. Auch auf meiner Homepage im kostenlosen Online-Magazin gibt es Infos über weitere Medien mit ähnlich ausgeflippten Fähigkeiten.

Nachwirkungen der Reise

Diesen Bericht habe ich nach meiner Rückkehr an alle Freunde und näheren Bekannten gemailt, von denen ich das Gefühl hatte, es würde sie interessieren.

Heute rief mich Clemens an – er müsse mir was erzählen. Er habe einen Laserdrucker und habe sich einen Farbdrucker dazugekauft. Seit er den angeschlossen habe, gehe jedoch der alte Laserdrucker nicht mehr. Er habe tagelang rumgefummelt am PC, ohne Ergebnis. Dann kam mein Bericht von Thomaz und Clemens dachte sich: »Das heißt, alles geht. Also auch bei meinem PC. Ich bestelle jetzt hiermit, dass die beiden Drucker richtig funktionieren.« Sprach es, ging schlafen und am nächsten Morgen gingen beide Drucker, ohne dass er noch einmal irgendetwas verändert hatte an den Programmen! Er rief mich an, begeistert über einen gerade laufenden Großdruckauftrag, der problemlos funktionierte.

Meine Kinder sind offenbar auch beeindruckt von den Berichten und von den verdrehten Kinderlöffeln, die Thomaz ihnen geschenkt hat. Sie wollten wissen, wie er das macht und ich dachte, vielleicht können sie sich am ehesten was vorstellen, wenn ich sage, dass Thomaz manchmal die Augen zumacht, in sich reinspürt und dann mit Gott spricht und ihn bittet, was er tun soll.

Zwei Tage später diskutierten meine 5 Jahre alten Zwillinge mit ihrer ebenfalls 5-jährigen Freundin, ob es in diesem Winter noch Schnee geben würde; es ist gerade Februar 2007 und wir haben diesen extrem warmen Winter. Ich sagte, das würden sich vermutlich fast alle wünschen, aber sicher sei es trotzdem nicht. Vielleicht ja, vielleicht nein.

»Dann müssen wir Gott fragen«, befand meine Tochter. Sie schloss die Augen und fragte Gott.

Freundin: »Ja, da frag ich auch Gott. Das macht man so, dass man ganz still ist und auf die innere Stimme hört.«

Mein Sohn machte auch mit und kurz darauf kamen alle drei zu dem Ergebnis, dass Gott gesagt habe, es würde noch Schnee geben. Gab es dann auch noch.

Nächster Abend im Kinderzimmer. Meine Tochter verkündete, sie werde jetzt mal mit ihrem Schutzengel reden. Sie setzte sich ganz still hin, machte die Augen zu und lauschte nach innen. Kurz darauf meinte sie begeistert: »Mein Schutzengel hat was gesagt!«

Bärbel: »Was denn?«

Tochter: »Liebe dein Möge!«

Bärbel: »Das klingt interessant.«

Mein Sohn: »Was heißt das?«

Tochter: »Ich frag ihn.« Sie macht wieder die Augen zu und fragt nach innen und ruft dann begeistert: »Er hat gesagt, es heißt ›Liebe deinen Körper!‹«

Sohn: »Hast du deinen Schutzengel auch gesehen?«
Tochter: »Nein, ich spür ihn nur!«

Übrigens haben meine Kinder Thomaz inzwischen auch kennen gelernt und das war noch wilder als das, was ich mit ihm alleine erlebt habe. Es würde eindeutig zu weit führen, das auch noch zu berichten. Thomaz aber jedenfalls meinte, dass Kinder noch weniger skeptisch sind und sich einfach nur aus Freude, Leichtigkeit und Lachen mit solchen Erlebnissen verbinden und darum ist dann gleich noch viel mehr möglich. Und zusehende Mütter profitieren dann halt.

Warum habe ich euch jetzt das Ganze in dieser Ausführlichkeit berichtet? Damit ihr entweder beschließen könnt, dass ich leider völlig durchgedreht bin, keine Ahnung habe, unter Halluzinationen leide oder sonst was. Oder dass andernfalls, falls das Beschriebene tatsächlich wahr sein sollte, es einen Anhaltspunkt dafür liefert, dass wirklich wahr ist, was Max Planck und Bruce Lipton zu Beginn des folgenden Kapitels formulieren: *Dass nämlich unsere Welt aus Geist und Bewusstsein aufgebaut ist und nicht aus irgendwelchen festen Materieteilchen.*

Und wenn dem so wäre, was würde dann daraus folgern?

Du bist Licht und Liebe

Was zwei bedeutende Wissenschaftler sagen

»Als Physiker, also als Mann, der sein ganzes Leben der nüchternen Wissenschaft, nämlich der Erforschung der Materie diente, bin ich sicher frei davon, für einen Schwarmgeist gehalten zu werden. Und so sage ich Ihnen nach meiner Erforschung des Atoms dieses: Es gibt keine Materie an sich! Alle Materie entsteht und besteht nur durch eine Kraft, welche die Atomteilchen in Schwingung bringt und sie zum winzigsten Sonnensystem des Atoms zusammenhält. Da es aber im ganzen Weltall weder eine intelligente noch eine ewige Kraft gibt, so müssen wir hinter dieser Kraft einen bewussten, intelligenten Geist annehmen. Dieser Geist ist der Urgrund der Materie! Nicht die sichtbare, aber vergängliche Materie ist das Reale, Wahre, Wirkliche, sondern der unsichtbare, unsterbliche Geist ist das Wahre! Da es aber Geist an sich allein ebenfalls nicht geben kann, sondern jeder Geist einem Wesen angehört, müssen wir zwingend Geistwesen annehmen. Da aber Geistwesen nicht aus sich selber sein können, sondern geschaffen worden sein müssen, so scheue ich mich nicht, diesen geheimnisvollen Schöpfer so zu benennen, wie ihn alle Kulturvölker der Erde früherer Jahrtausende genannt haben: Gott. So sehen Sie, meine verehrten Freunde, wie in unseren Tagen, in denen man nicht mehr an den Geist als den Urgrund aller Schöpfung glaubt und darum in bitterer Gottesferne steht, gerade das Winzigste und Unsichtbare es ist, das die Wahrheit wieder aus dem Grabe materialistischen Stoffwahnes herausführt und die Türe öffnet in die verlorene und vergessene Welt des Geistes.«

Max Planck

»Im Universum, wie es die klassische Physik definierte, bestanden Atome aus kleineren Teilchen wie Elektronen, Protonen und Neutronen. Vor 100 Jahren haben die Begründer der Quantenphysik unsere Sichtweise der Realität jedoch radikal verändert, indem sie herausfanden, dass atomare Teilchen in Wirklichkeit immaterielle Energiewirbel sind, die wir uns wie subatomare Tornados vorstellen können. Atome bestehen aus den gleichen unsichtbaren Energiekräften, die den Raum und unsere Umwelt durchdringen. Diese unsichtbaren Kräfte sind das, was die Wissenschaftler ›das Feld‹ nennen.

Albert Einstein sagte über die Beziehung dieses Felds zur physischen Materie: ›Das Feld ist die einzige Kraft, die auf ein Teilchen einwirkt.‹ Die unsichtbaren Bewegungskräfte des Felds bestimmen also die materielle Form.

Während Physiker die unsichtbaren Bewegungskräfte, die unsere Welt beeinflussen, als Feld bezeichnen, nennen Theologen die gleiche unsichtbare Energie ›spirituelle Kraft‹ oder ›Gott‹. Wir sind gegenwärtig Zeugen einer großen Annäherung von Wissenschaft und Religion, aus der eine neue, lebensbejahende Weltanschauung hervorgehen wird, die die Menschheit so dringend braucht.«

Bruce Lipton

Bruce H. Lipton Ph.D. ist Zellbiologe, Dozent und Bestsellerautor: von »Intelligente Zellen. Wie Erfahrungen unsere Gene steuern«. Dies ist ein Auszug aus seinem Vorwort für mein Kinderbuch »Mama, wer ist Gott«.

Wir sind alle Teil eines Bewusstseinsfelds

Wir alle bestehen aus den unsichtbaren Bewegungskräften dieses bewussten Feldes; wir sind ein Teil davon. Und nirgendwo in uns ist wirklich feste Materie vorhanden. (Der Kino-Film »Bleep« beschreibt das eindrücklich, siehe **www.bleep.de**.)

Wir sind Teil eines Feldes, in dem alles mit allem verbunden ist. Unsere scheinbare materielle Existenz besteht in Wirklichkeit nur aus Lichtpartikeln und aus bewussten Feldkräften, die diese bewegen.

Du bestehst aus Lichtpartikeln. Du bist Teil des bewussten Feldes, das diese Lichtpartikel in Bewegung hält, so dass der Eindruck von Materie entsteht.

»Hört sich logisch an, aber ich merk nix davon«, sagte neulich eine Probeleserin aus der Zielgruppe. »Wenn ich Teil eines bewussten Geistes bin, wenn Max Planck Recht hat und es gibt eine Art Urschöpferbewusstsein – ich nenne es lieber nicht Gott, denn das erinnert mich zu sehr an den strafenden Gott der Religionen –, aber wenn der Ursprung meines Seins ewiges Bewusstsein ist, dann muss ich doch mit ihm kommunizieren können. Wie kann ich das tun?«

Vielleicht tun wir das schon die ganze Zeit und merken es nur nicht! Indem ich mit mir selbst rede, rede ich ja schon mit der Urschöpfung, denn ich bin ein Teil derselben.

»Du willst Gott sehen? Geh und sieh in einen Spiegel!« Irgendwer hat das mal gechannelt, ich hab vergessen wer, da ich Channelings gegenüber ein bisschen dauerskeptisch bin. Aber manche sind gut und das ist ein echt guter Spruch.

Wenn ich in den Spiegel gucke und mit mir selbst rede, dann redet ein Teil der Urschöpfung (ein Mensch gewordener Teil) mit sich selbst. Nur ist er sich dessen nicht mehr bewusst.

Das ist so, als hätte Gott sich in klein Erna und klein Hugo verwandelt. Dann stellt Gott sich vor einen Spiegel und redet mit sich selbst. Das heißt, klein Erna und klein Hugo stehen vor dem Spiegel und fragen sich, wo Gott geblieben ist … ??!

Und je mehr Dinge Gott an sich selbst nicht mag, desto mehr vergisst er/sie/es sich selbst. Erna mag das Wetter in Deutschland nicht, dabei ist sie Gott, und das Wetter ist auch Gott, also mag sie in Wirklichkeit sich selbst nicht. Hugo findet die Straße, in der er wohnt und die Nachbarn blöd. Aber er ist Gott, die Straße ist Gott und die Nachbarn sind Gott. Schon wieder ein Gott, der seine eigene Göttlichkeit und seine eigene Schöpfung ablehnt.

Das ist die letztendliche Konsequenz aus dem, was Max Planck und Bruce Lipton uns zuvor erzählt haben.

Wie kann ich mich denn erinnern wer ich bin, falls das wirklich stimmt? Wie kann ich mich wieder verbunden fühlen mit dem Feld, das sowohl meine körperliche Existenz als auch die aller mich umgebenden Dinge möglich macht?

Je mehr auf der Welt du ablehnst, desto mehr Teile der Schöpfung und damit letztlich von dir selbst lehnst du ab. Ein Feld, ein Bewusstsein, ein zusammen schwingender und zusammen wabernder Pudding, sei gegen dieses Feld und in Wirklichkeit bist du gegen dich selbst. Sich rückzuverbinden mit der Urschöpfung heißt, sich zu versöhnen mit allem, was dieses Feld erschaffen hat. Mit allen Katastrophen der Welt. Alle und alles besteht aus denselben Feldkräften, denselben Lichtpartikelchen und demselben Bewusstsein, das alles zusammenhält. Je mehr du ablehnst, desto mehr Teile von der Urschöpfung lehnst du ab. Versöhne dich mit allem und du kommst dem Einheitsbewusstsein näher.

Es besteht kein Grund, sich über George Soros zu beschweren (siehe Anfang des Buches). Er kann nur tun, was er tut, weil das Gesamtbewusstsein aller Menschen Umstände nährt, die Börsenabzocke möglich macht. Wenn er gegen die böse Börse wäre, würde er niemals das Bewusstsein erlangen, sie zu nutzen wie es ihm gefällt.

Wann immer DU gegen etwas bist, erlangst du nie das Bewusstsein, unabhängig davon zu werden und damit so zu leben, wie es dir gefällt.

Dasselbe gilt möglicherweise für alle Regierungschefs, die uns ein Dorn im Auge sind. Auch sie sind nur ein Ausdruck des Gesamtbewusstseins. Stell dir vor, du würdest zehntausend Mal geklont und besäßest ein eigenes Land. Dann käme irgendein Tyrann daher und er erzählt den zehntausend Du's, dass er jetzt hier Chef ist. Das wird nichts werden, nehme ich an, oder? Der landet, wenn er nicht brav ist, auf einer einsamen Insel, wo er sich selbst versorgen und sich selbst auf die Nerven gehen kann. Ein Tyrann kann nur ein Land regieren, in dem das Gesamtbewusstsein der Bevölkerung das zulässt. Er ist ein sichtbarer Ausdruck desselben.

Man braucht sich also nicht über den Tyrannen zu beschweren, sondern man kümmert sich lieber um das eigene Bewusstsein und steckt damit andere an. Wenn du in deinem Bewusstsein und in deiner Persönlichkeit stark genug bist, wenn du deine innere Fülle lebst, dann wird in deiner Familie kein Platz für Tyrannen sein. Dann wird auch in deiner Firma kein Platz dafür sein. Dann wirst du mit solchen Leuten keine Geschäfte machen oder zusammenarbeiten. Das würde sich nicht mit deiner inneren Fülle vertragen. Und wenn mehr Leute aus deiner Vorbildfunktion heraus ihre eigene innere Fülle entdecken, dann regiert auch irgendwann niemand mehr dein Land, dem es an eigener innerer Fülle mangelt.

Die Kraft dazu, egal ob in der Familie, in der Firma oder im Land, entwickelst du aber nicht aus der Ablehnung dessen heraus, was gerade ist, sondern aus der Versöhnung damit. Versöhnung mit dem was ist, versöhnt dich automatisch mit der Urschöpfung. Etwas existiert, also ist es erschaffen worden. Es ist sinnlos und Kräfte raubend, dagegen zu sein. Versöhnung bringt schnellere, problemlosere und ganzheitlichere Änderung als *dagegen sein* (erinnere dich an das Beispiel Rüdiger Nehberg und die Beschneidung).

Du bist Licht und du bist Liebe heißt, mit der Urschöpfung und dem was ist, einverstanden zu sein. Und daraus erwächst deine persönliche Schöpferkraft und Kraft zur Veränderung. Wenn du alles liebst wie es ist, lehnst du nichts mehr ab. Dann bist du der Einheit am nächsten. Aber auch der Einheit all deiner Kräfte. Du wirst kein kraftvoller Schöpfer deines Lebens, indem du möglichst viel ablehnst, sondern indem du die Schöpfung als Gesamtkunstwerk liebst – egal ob du sie verstehst oder nicht. Das ist doch in der Kunst fast immer so, dass man nie so richtig weiß, was der Künstler eigentlich sagen wollte.

Betrachte die Schöpfung als Kunstwerk, dann musst du sie nicht komplett verstehen, um sie lieben zu können.

In den Medien wird diskutiert, ab welcher Ebene von Komplexität der Quanteneffekt aufhört zu existieren. Vielleicht hört er nie auf? Denk an Ho'oponopono, Thomaz aus Brasilien und an dein eigenes Leben: Wie oft schon hat das Leben begonnen, dir Gelegenheiten zu schaffen, kaum dass du eine klare Absicht innerlich in dir formuliert hattest? Deine Absicht hat eine Wirkung auf das Feld. Und das Feld ist schöpferisch.

Schreiten wir zum abschließenden Multiple Choice Test:

A) Bärbel ist wahnsinnig, sie kapiert das einfach nicht richtig.
B) Na ja, na ja, zu denken gibt es mir schon. Ich glaub, ich geh mal in den Wald und lass es auf mich wirken.
C) Halleluja, genau das sag ich doch auch schon immer!

Egal ob du A, B oder C gewählt hast, du hast immer 100 Punkte. Denn du bist Chef oder Chefin in deiner Realität und alles ist nur eine Anregung zur individuellen Entdeckung deiner eigenen inneren Wahrheit. ☺

Vielleicht magst du an dieser Stelle kurz die Augen schließen und in dich hineinspüren. Finde das Unschuldige, Kindliche, Heile in dir.

Der Ursprung des Seins eines jeden Menschen ist reine Liebe (Licht und das bewegte Feld). Die Quelle braucht niemals Heilung, weil sie nie krank werden kann, weder körperlich, noch psychisch, energetisch oder sonst wie. Und je mehr du dich mit dieser ewig reinen, kindlichen und heilen Urkraft in dir verbindest, desto gesünder und glücklicher auf allen Ebenen und desto machtvoller – auf eine ganz neue Weise – wird auch dein irdisches Sein.

Kaufrausch oder freie Kaufentscheidung?

Leidest du unter gelegentlichen, anfallsartigen Kaufräuschen? Dann kauf doch gleich als Erstes mal »Politik des Herzens« von Geseko von Lüpke und lies erst danach (sonst kaufst du es ja nicht mehr, ist aber eine tolle Sammlung von Interviews) das nun folgende Kapitel zur ersten Hilfe bei Kaufrauschgefahr.

Dem durchschnittlichen Deutschen wird nachgesagt, er gebe – ebenfalls im Durchschnitt – jeden Monat 110 Prozent seines Einkommens aus, während es beim durchschnittlichen Amerikaner sogar 120 Prozent sein sollen. *Das* Problem hast du immerhin nicht. Zumindest nicht, wenn du der Zielgruppe dieses Buches entsprichst. Aber Experten schätzen, dass ein Großteil unseres Bruttosozialproduktes auf Frustkäufe zurückzuführen ist. Und das gilt für jeden, der mehr als das Notwendigste an Geld zur Verfügung hat.

Die Unterklasse hat mehr T-Shirts als nötig, die Oberklasse mehr Ferraris als nötig oder sie vergoldet den Rumpf ihres Privatjets, weil das so schick leuchtet.

Vom Kaufrausch befallen sind sowohl die Massen als auch die, die am Kaufrausch der Massen verdienen.

In den USA und Kanada gibt es bereits Selbsthilfegruppen vergleichbar den anonymen Alkoholikern. Sie nennen sich *Shop-aholics Anonymus*.

Laut Internet (unter dem Suchbegriff »Frustkauf« findet sich eine Menge) gab es die erste europäische Studie zum Kaufzwang 1989 an der Universität Stuttgart-Hohenheim. Danach wurde vorsichtig geschätzt, dass zirka 15 bis 20 Prozent der Bevölkerung »Kaufprobleme dieser Art« haben. Meine Hausfrauenumfrage im Bekanntenkreis ergab noch drastischere Werte. Hier ein paar Kommentare:

»20 Prozent? Quatsch! Das hat doch jeder zumindest ein bisschen.«

»Hallo, was? Die träumen doch. Ich kenne niemanden, der nicht mehr Kram in seiner Wohnung stehen hat, als er brauchen kann.«

»Also dann gehör' ich auf jeden Fall dazu zu den 20 Prozent … «

Ein von Frührente lebender Herr mit leicht beleidigter Stimme: »Die Probleme hätte ich gerne. Aber ich kann mir so was nicht leisten. Ich hab manchmal kaum genug zum Essen … « Seine Schwester, ihn unterbrechend: »Aber auch nur am Ende des Monats. Guck dir doch nur deine völlig alberne Halbedelstein- und Mineraliensammlung an! Wofür brauchst du bitte den ganzen Kram? Manche Steine liegen ja noch in den Papiertüten rum, in denen du sie irgendwann mal eingekauft hast.«

Ein Gerichtsvollzieher hat mir mal erzählt, dass er bei Leuten, die er pfänden soll, erstaunlich oft unausgepackte Warenlieferungen von Versandhäusern findet. Die Leute sehen die Sachen im Katalog, die Kaufsucht schlägt wieder zu und bis das Zeug dann endlich bei ihnen ankommt, haben sie längst kein Interesse mehr daran. Er berichtete, dass es meist wenig echte Werte zum Pfänden gäbe, aber gelegentlich mehrere blaue Müllsäcke voll mit Kleidern, die nicht mehr in den Schrank passen, die sich die betreffende Person aber nicht bremsen konnte, dennoch zu kaufen.

Wenn du vom Kaufrausch betroffen sein solltest (ich bin es auf jeden Fall ein bisschen, aber ich war mein Leben lang mit meinem Gesamtvermögen noch nie länger als ein halbes Jahr im Minus und auch das ist nur einmal passiert, deswegen finde ich, ist es nur »ein bisschen«), dann machst du das zumindest natürlich anders: Du baust an, z.B. eine Tiefgarage aus Marmor für die wertvollen Ferraris.

Lies »Als Gott Harley Davidson fuhr« von Joan Brady. Eine

Stunde lesen und man hat so ein Gefühl, sich von Ballast befreien zu wollen.

Der Tipp des Gerichtsvollziehers (auch Gerichtsvollzieher sind Menschen; der hier war Teilnehmer auf einem meiner Seminare) gegen den Kaufrausch, der ähnlich auch in der Studie der Universität Stuttgart-Hohenheim zu finden ist: Man solle jeden Monat einen Aufräumtag einlegen und sich eine Liste machen über die Dinge, die man bereits alle hat. Neben jeden dieser Gegenstände solle man sich in einer zweiten Spalte schreiben, wann man diesen das letzte Mal verwendet hat! Diese Liste solle man immer im Geldbeutel mit sich tragen. Eventuell brauchst du dann einen größeren Geldbeutel oder noch besser eine Schubkarre!

Wenn einem dann auffällt, dass man schon 300 Paar Schuhe hat, wovon 202 schon seit zwei Jahren nicht mehr getragen wurden, dann fällt es vielleicht leichter, auf den Kauf des 301. Paares, das man auch nie tragen wird, zu verzichten!

Kaufräusche beim Kleidungskauf (Teile kaufen, die man hinterher nie anzieht), lassen sich übrigens durch einen einmaligen Besuch im Leben bei Herta Hirt stark reduzieren. Herta macht eine Farbberatung der besonderen Art. Sie sieht eine Art fixe Basisaura beim Menschen und deren Farben. Die Schicht ändert sich laut Hertas Aussagen nie. Und wenn man in der Kleidung die gleichen Farben trägt wie in dieser Basisaura, stärkt man sein körpereigenes Energiefeld, seine innere Kraft und Ausstrahlung. Und: Das erleichtert die Auswahl beim Kleidungskauf ungemein und reduziert sie gleichzeitig drastisch. Herta hat unter über 4000 Kunden übrigens noch keine zwei mit den gleichen Farbkombinationen dabei gehabt, sagt sie!

Einen Artikel dazu findest du auf meiner Homepage im kostenlosen Onlinemagazin. Und Herta direkt findest du unter **http://www.lebensfarben.eu**

Zusammenfassend beschreibt die zuvor erwähnte Studie, dass von der Kaufsucht befallene Personen ihre Einkäufe von Konsumgütern und Dienstleistungen in Anfällen tätigen. Sie folgen dabei einem unwiderstehlichen Drang, der stärker als der eigene Wille erfahren wird bis hin zum Verlust der Selbstkontrolle. Kaufen wird als einziges Befriedigungsmittel erlebt und die Tendenz geht, wie bei den meisten Süchten, zur ständigen Dosissteigerung. Wobei die einen das Kaufen als Tranquilizer empfinden und die anderen als Aufputschmittel. In jedem Fall verleiht es Glücksgefühle und stopft Löcher in der Seele und Gefühle von innerer Leere.

Kaufen wird oft als Symbol für selbständiges, kompetentes Entscheiden empfunden und als Symbol für Überfluss und intensives Leben. Meistens liegt die Ursache der Kaufsucht in einer Selbstwertschwäche. Ja genau, Selbstwertschwäche, egal ob die Kaufräusche groß oder klein sind.

Adieu Kaufrausch!

O.k., was also wollen wir? Wenn jemand wie Camilla, die zweite Frau von Prinz Charles von England, täglich ein neues Kleid trägt, aber – oh große Schande – dreimal die gleichen Schuhe, dann kommt gleich ein Bericht in der Zeitung. Wie kann sie nur? Wie schaut es bei dir aus? Brauchst du noch einen Hubschrauber, weil du erst drei Stück und noch keinen in grün hast? Bist du noch sicher, du machst das freiwillig, oder sitzt du gerade selbst der Manipulation deiner eigenen Medienanstalten auf? Oder kannst du mit einem Lächeln ignorieren, was die Presse über deine Schuhe und Hubschrauber schreibt? Wie schaut es mit der Manipulation durch andere Menschen oder soziale Gruppen aus? *Drückt das, was du kaufst, wirklich dein Selbst aus oder auch nur einen Zwang, irgendwo dazugehören zu wollen?*

Versteh mich richtig. Luxus ist etwas Feines. Ich schwelge auch gerne darin – gelegentlich. Die Frage ist nur, ob ich mir manche Dinge leiste, weil ich wirklich die Schönheit der Schöpfung und menschlicher Schaffenskräfte in ihnen bewundere. Ist es mein Sinn für Ästhetik oder sind es Kompensationskäufe aufgrund innerer Unausgefülltheit?

Ersteres finde ich toll, wenn man Geld dafür verwendet, die Schönheit der Welt zu vermehren. Wäre doch schade, wie gesagt, wenn es Neuschwanstein nicht gäbe. Optimal ist es, wenn alle, die dran mitbauen, fair bezahlt werden, ich mich echt dran freuen kann und gegebenenfalls die Freude auch gerne mit anderen teile. Wenn ich jedoch nur zu Tode betrübt in meinem Neuschwanstein herumsitze, dann wäre ich wohl besser zum Survivaltraining gegangen!

Taormina in Sizilien ist zum Beispiel ein Ort der Freude für mich, weil er so voller Schönheit ist. Die Reichen Italiens haben sich dort früher ihre Wintersitze hingebaut. Ich will dich daher wirklich nicht davon abhalten, Schönheit in die Welt zu setzen. Mir ist nur daran gelegen, dass du es auf eine Weise tust, die dir gut tut. Im Zweifelsfall freut sich dann nämlich auch der Rest der Welt dran! Wenn nicht jetzt, dann in hundert Jahren. Bei manchem Architekturpreis, der heute so vergeben wird, freut sich allerdings weder heute noch in 100 Jahren jemand wirklich daran und man sollte eigentlich zwei Jahre Gefängnis gleich mit zum Preis dazu bekommen. So eine Architektur kann sich niemand ausgedacht haben, der frei von Kompensationen und Komplexen aller Art ist. Bilde ich mir zumindest ein. Vielleicht ist auch einfach nur mein Geschmack antiquiert.

Woran orientierst du dich? Bist du sicher, es ist DEIN Geschmack und das, was dich vom Grunde deiner Seele her freut, oder schleichen sich da andere Dinge ein?!

Psychologische Hintergründe

Werfen wir einen näheren Blick auf die Kaufrausch-Theorie: Alles Leben ist Rhythmen unterworfen und einem wellenförmigen Abwechseln zwischen Ruhe- und Aktivitätsphasen. Es gibt Tag und Nacht, Sommer und Winter, Ebbe und Flut und so weiter. Aber auch innerhalb unseres Körpers befindet sich so etwas wie eine Organuhr. Jedes Organ hat seine ganz privaten Aktivitätszeiten am Tag oder in der Nacht. Spät am Abend zu essen ist deshalb so unbekömmlich, weil der Darm in der Nacht schläft und der Körper eigentlich entgiften will. Es gibt Studien über die Konzentrationskraft des Menschen, wann am Tag man am besten lernt und wann die Aufmerksamkeit natürlichen Rhythmen folgend nachlässt. Das wiederholt sich Tag für Tag.

Es ist ein Irrtum zu glauben, die natürliche Ruhephase des Menschen sei nachts und tagsüber sei grundsätzlich Aktion angesagt. Wir haben vielmehr verlernt, Kraft aus den Ruhephasen tagsüber zu schöpfen und sie zu schätzen und setzen sie unbewusst mit Tod gleich. Wer nicht gleichbleibend leistungsfähig und aktiv ist, der ist offenbar zu schwach für diese Welt. Wir bilden uns ein, das Leben sei permanente Aktivität im Außen.

Was uns fehlt ist, ruhige Momente der Stille zu genießen. Oder mal ehrlich: Wann hast du das letzte Mal ganz bewusst einen Moment der Stille genossen, der länger als 15 Minuten gedauert hat? Das Zurückziehen in uns selbst, Nähe zu uns selbst, Selbstwahrnehmung und Wertschätzung solcher äußeren Ruhephasen mitten am Tag sind Dinge, die zum Leben dazugehören. Stattdessen sind meist Hektik, Stress und Rumrennen zum Symbol für Mithalten können und für Leben geworden.

Innehalten macht vielen von uns Angst. Da würden wir ja uns selbst spüren und womöglich Gefahr laufen über Sinn und Erfüllung unseres Lebens nachzudenken.

Aha! Da kommen wir dem im Pfeffer begrabenen Hasen schon näher. Wir müssen ständig mit neuen Dingen beschäftigt sein, um uns selbst nicht zu fühlen. Wie machen wir das? Wir gehen einkaufen, ist doch klar! Mit dem Kaufrausch versuchen wir uns der natürlichen Wellenbewegung des Lebens, dem Wechsel zwischen Aktivität und Ruhe zu widersetzen.

Gift für jeden Kaufrausch sind daher wachsende Freude an der Persönlichkeitsentwicklung und an echter Nähe zu Freunden und Familie.

☆ ☆ ☆

»Igitt«, sagte der Kaufrausch, als Papa und Sohn sich Regenstiefel anzogen und gemeinsam durch Pfützen hüpften.

»Hätten sie doch wenigstens Protzani-Silber-Stiefel an. Und warum bloß spielen sie nicht lieber das neue Pfützenspiel im Computer? Da gibt die Hüpferei wenigstens Punkte. Und überhaupt: In Pfützen rumzuhüpfen, das haben schon ihre Urgroßeltern getan. Das ist doch »Asbach-uralt« und seit der Steinzeit nicht mehr »in«. Kommen die sich nicht hoffnungslos altmodisch und miefig vor?«

»Pfui Spinne«, ekelte sich der Kaufrausch, als Elfi sich hinsetzte, sich die Hand aufs Herz legte und einfach mal spürte, wie es ihr gerade ging.

»Sie sollte sich lieber erst mal die Haare waschen, eine Kurpackung drauftun, ein ordentliches Finish und dann endlich ein neues Parfum kaufen gehen und noch ein paar Schuhe, die sexy aussehen. So findet sie doch nie einen Mann … «

»Ich fühl mich so schwach«, hauchte entsetzt der Kaufrausch, als die Freunde einen Morgenspaziergang bei Sonnenaufgang machten, Bäume umarmten und danach Schach spielten. Einen ganzen Tag hatten sie vertändelt, ohne den leisesten Gedanken an einen Einkauf. Was war mit Zuckerbrötchen, Eiskaffee oder wenigstens einer Kinokarte? »Das arme Bruttosozialprodukt«, dachte der Kaufrausch. »Noch nicht einmal ein Handy haben die dabei. Wie sollen wir denn da Kosten produzieren?«

☆ ☆ ☆

Übungen

Übung 1: Zwischenmenschliche Nähe

Warst du schon mal in Amerika? Nein, keine Sorge, wir wollen nicht hinfahren, um uns damit zu trösten, dass die noch schlimmer sind. Wir wollen uns lieber eine gute Eigenschaft der Amerikaner zu eigen machen und diese weiter ausfeilen.

Die Amerikaner haben nämlich die Angewohnheit, die Menschen um sie herum wahrzunehmen. Das haben wir hier, speziell in Deutschland, eindeutig nicht. Oder hat dich schon mal jemand, der in der Warteschlange an der Supermarktkasse vor dir stand, freundlich gegrüßt und dir erzählt, dass die Blumen im Kurpark gerade besonders schön blühen? Und wenn, hast du dann nicht gedacht, derjenige wäre einer Irrenanstalt entlaufen oder vielleicht schon tüttelig oder würde dich einfach nur anbaggern wollen?

Oder stell dir einen Verkäufer in Deutschland vor, der dich mit: »Hello love, how are you this morning?« begrüßt. Die meisten deutschen Kunden würden sich nicht mehr hintrauen, weil ihnen das suspekt wäre!

Sprichst *du* mit den Personen, die in der Flughafenwartehalle neben dir sitzen? Wir hier haben eine Übereinkunft, dass man das nicht tut. Die Amerikaner sind drauf getrimmt, dass man mit jedem ein kurzes Wort wechselt. Der Nachteil ist, sie haben es so im Blut, dass sie es schon im Halbschlaf können. Wir empfinden sie deshalb als oberflächlich, obwohl das Wahrnehmen und freundliche Ansprechen eines Mitmenschen an sich eine wunderbare Sache ist.

Und hier kommt unsere Chance in Deutschland. Wir können es nicht im Halbschlaf tun, weil es a) für uns selbst völlig ungewohnt ist und b) weil es für unsere Umwelt schockierend ungewohnt ist. Wir müssen also wach und bewusst sein, wenn wir auf die Jagd gehen wollen nach Menschen, die zurücklächeln, wenn wir sie anlächeln und die wir ansprechen können. Und sei es noch so kurz.

Klar, die meisten Hasenfüße werden davonrennen oder befürchten, dass du der Irrenanstalt entsprungen oder senil bist. Lass dich davon nicht beirren. Setz dich doch einfach mal in die Fußgängerzone und übe an den vorübergehenden Menschen, diejenigen Gesichter zu erkennen, die bereit sind zurückzulächeln und die noch genügend Unschuld und Lebensfreude in sich haben, um völlig arglos und einfach nur entspannt ein paar Worte mit dir zu wechseln. Ohne irgendwelche Hinterhalte, plumpe Anmache oder sonst etwas zu vermuten.

Es werden nicht viele sein. Aber du wirst feststellen, wie viel länger die Freude darüber anhält, einen gefunden zu haben, als hundert Schaufenster angesehen zu haben. Aha! Kapiert?! *Wir legen den Kaufrausch lahm durch kleine Erlebnisse im zwischenmenschlichen Bereich.*

Wenn dir die Übung schwer erscheint, kannst du auch zum Hauptbahnhof gehen und Ausschau halten nach Menschen, die gerade Hilfe benötigen. Sei es beim Koffer hoch- oder runtertragen, Kinderwagen irgendwo hochhieven oder Ähnliches. Du wirst mit Sicherheit ein freundliches Lächeln dafür bekommen und womöglich sind auch mal ein oder zwei Sätze erlaubt, bevor derjenige weiter seines Weges zieht.

Mit ein wenig Übung kannst du irgendwann die Augen über eine beliebige Menschenmenge schweifen lassen und findest mühelos und in wenigen Sekunden diejenigen Menschen heraus, deren Lebensrhythmus ein klein wenig gelassener und geruhsamer ist als der der anderen. Und mit diesen kannst du meist über Gott und die Welt reden, auch wenn du sie nie zuvor gesehen hast.

Und wenn sich diese Übung erst mal herumspricht – und wie viel Geld sie außerdem spart –, dann wird es irgendwann umgekehrt sein: Wir lassen den Blick über die Massen streifen und alle spazieren gelassen und ruhig vor sich hin und nur ein paar alte Veteranen der Stresszeit und des Krieges mit sich selbst bringen noch Unruhe ins Bild. Ob wir das noch erleben, ist eine andere Sache, aber man darf ja mal träumen …

Eine weitere Möglichkeit, das Anti-Kaufrausch-Mittel »zwischenmenschliche Nähe« einzusetzen ist diese: Wann immer du einen Impuls verspürst, etwas einkaufen zu gehen, frage dich, wie oder mit wem du dir stattdessen ein nettes Erlebnis von zwischenmenschlicher Nähe verschaffen könntest. Und ob das dann Freunde, Familie oder Fremde sind, ist für diese Übung egal. Zwischenmenschliche Nähe in Ruhe und Gelassenheit ist einer der größten Feinde des Kaufrausches.

Übung 2: Vor dem Kauf innehalten

Wie ich unlängst gelesen habe, werden alle Handlungen, die wir fünf bis sechs Mal wiederholen, als Automatismus in unserem Unterbewusstsein abgespeichert. Wir müssen dann nicht mehr darüber nachdenken, sondern handeln automatisch. Typische Aussage eines Kaufrauschsüchtigen dazu: »Ich muss im Kaufrausch nicht mehr drüber nachdenken, ob ich etwas, das mir gefällt, sofort kaufe, sondern ich habe es in der Regel schon längst gekauft, bevor das erste Nachdenken einsetzt. Das ist stabil als Automatismus in mir verankert.«

Wenn wir so einen Automatismus ändern wollen, müssen wir irgendwie an die Programmierungen im Unterbewusstsein herankommen und sie ändern. Am besten wir schleichen uns von hinten an, stürzen uns mit einem wilden Schrei auf den Automatismus und bleiben drauf sitzen, bis ihm die Luft ausgeht. Scherz beiseite. Die leisen Töne in uns zum Schwingen zu bringen, hat oft die größten Wirkungen im Außen. Ich schlage daher eine spirituelle Übung mit Schulung der Feinwahrnehmung vor.

Bist du einverstanden mit der Idee, dass der Mensch mehr ist als das physische Vehikel Körper, in dem er hier herumdüst, und auch mehr als das Ego mit seinem scheinbar ach so logischen Verstand, dann passt die Übung sicherlich auch für dich. Persönlich gehe ich davon aus, dass der Mensch eine unsterbliche Seele hat, mit der er sich innerlich verbinden kann. Mit dieser Grundannahme kann man seinem Kaufrausch-Syndrom zu Leibe rücken. Nicht um Geld zu sparen natürlich, warum auch. Sondern um ein Gefühl von innerer Freiheit und Erfülltheit zu erlangen.

Wann immer man irgendetwas sieht, das man schon wieder unbedingt und sofort haben möchte, obwohl man weit davon entfernt ist, es zu brauchen, kommt dieser Impuls vermutlich aus dem Mix aus automatisierten Ängsten (der Angst sich selbst oder eine innere Leere zu spüren) und Kompensationsmechanismen.

Auf jeden Fall kann er nicht aus übergeordneten Ebenen des Seins, der Seele oder dem Einheitsbewusstsein der Schöpfung insgesamt kommen. Ich persönlich fresse einen Besen, wenn es mein höheres Selbst und meine Seele interessiert, ob ich 51 oder 52 Paar Schuhe habe. So ein Kaufimpuls kann nur von weiter unten in meinen Bewusstseinsebenen kommen.

Ich mache es folgendermaßen: Ich halte im Moment des Kaufimpulses inne und stelle eine Verbindung zurück zur Quelle meines Seins her. Ist das genial? Und wie! Einmal ausprobieren und du wirst die Übung lieben.

Vor meiner Nase stehen also supertolle Nippes im Regal (ob es das dritte Eis am Tag, eine tausendste Hose oder der vierte Hubschrauber ist, ist unerheblich). Bevor ich kaufe, halte ich eine Minute inne und verbinde mich mit der Kraft des Kosmos in mir. Das geht bei offenen Augen genauso wie mit geschlossenen. Wende einfach deine Aufmerksamkeit nach innen auf dein Herz und stell dir vor, wie du beim Einatmen die Kraft und die Liebe des Kosmos in dein Herz holst.

Beim Ausatmen tust du gar nichts. Du atmest einfach nur aus und fertig. Nix mit schlechter Energie ausatmen und ähnlichem

Zeug. Das lenkt nur die Aufmerksamkeit auf schlechte Energien, an die du vorher gar nicht gedacht hast. Du rufst sie damit herbei. Lass das bloß sein! Das Ausatmen ist in dieser Übung nur zum Ausatmen da und zu sonst gar nichts.

Es ist ganz einfach: Wenn du vor einer Kaufentscheidung stehst, reicht es, für drei Atemzüge kurz die Aufmerksamkeit nach innen auf dein Herz zu richten und beim Einatmen mit deiner Vorstellung die Kraft und Liebe des Kosmos durch das Herz als Eintrittstor in den ganzen Körper zu ziehen.

Du kannst dabei auch auf deinen Herzschlag achten und dir vorstellen, dass mit jedem Schlag deine Verbindung zum Ursprung allen Seins verstärkt und spürbarer wird. Das ist aber nur eine Spielvariante, die du ausprobieren kannst, aber nicht musst.

Solltest du im Moment des Kaufimpulses allein und unbeobachtet sein, kannst du auch die Augen schließen, die Arme seitlich ausstrecken und die Handflächen nach oben richten und dabei die Finger geschlossen halten. Dann stellst du dir vor, dass du durch das Herz und mit deinem ganzen Körper spürbare Energie und Liebe vom Kosmos einatmest.

Drei Atemzüge reichen aus. Dann kannst du das zu kaufende Etwas wieder ansehen. Falls dir noch einfällt, welches es war. Denn eins ist unmöglich: Man kann nicht gleichzeitig spürbar verbunden mit seiner eigenen Seele und der Energie des ganzen Kosmos sein und den Einkauf eines perlenbestickten lila-gelben Kartoffelschälers wichtig finden, wenn man noch dazu schon einen gut funktionierenden Schäler zu Hause hat.

Mir geht es so, dass ich nach dieser Übung oft grinsen muss und mich köstlich über mich selbst amüsiere, was ich gerade noch so wichtig und toll an diesem Gegenstand oder dieser Dienstleistung gefunden habe.

Wenn ich das Etwas nach diesen drei zum-Kosmos-zurück-verbindenden-Atemzügen immer noch kaufen möchte, dann ist zumindest der innere Kaufzwang weg und ich kann mich auch mit mir selbst einigen, das Etwas zu notieren und drüber zu schlafen, ob ich es wirklich brauche.

Bevor ich dann diese Notiz am nächsten Tag ansehe, mache ich wieder die Innehalten-Übung und kaufe so bewusster als je zuvor. Ich habe so auch mehr Zeit für mich selbst und für Entspannung, weil es weniger Kram im Haus zu verwalten gibt. Wobei ich immer noch genug davon habe und das Verwalten auch Spaß macht. Mir geht es nicht um einen neuen Dogmatismus, sondern das Ausweiten der inneren Freiheit.

Denn am meisten Spaß macht das Gefühl, frei von äußeren oder inneren Zwängen zu sein. Jeden Kompensationsanteil atmet man ohne weitere Bearbeitung oder Therapeutisierung einfach weg, indem man sich mit dem Ursprung seines Seins verbindet. Man verlässt damit quasi die Ebene des Bewusstseins, in der solch ein Problem eine Rolle spielen könnte. Stattdessen verbindet man sich mit übergeordneten Ebenen. Auf diesen gibt es von Natur aus weniger Probleme, weil mehr Seele und Liebe als Ego und Ängste dort wohnen.

Eine interessante Nebenwirkung dieser Übung ist, dass sie die Wahrnehmung im Alltag allgemein verfeinert und mich/dich fröhlicher macht.

Übung 3: Heilung der Kompensation

Heilung der Kompensation ist untrennbar mit Selbstliebe verbunden. Denn natürlich wollen wir uns auch noch selbst lieben, selbst wenn wir der oder die größte Kompensationskäufer(in) im ganzen Universum wären. Denn ich bin überzeugt: *Wer sich mit seinen Schwächen liebt und seien sie noch so groß, der hat die Kraft, sie in Stärken zu verwandeln!*

Also auf geht's. Wir wollen bei dieser Übung den Kompensationsanteil näher unter der Lupe betrachten. Wenn wir zu den Leuten gehören, für die ein kleiner oder großer Teil ihrer Einkäufe eine Ersatzbefriedigung darstellt, dann wäre es interessant zu wissen, wofür genau es denn ein Ersatz ist und wie man stattdessen zur Befriedigung des Originalwunsches gelangt!

Geh daher durchs Haus und mach dir eine Liste der überflüssigen Dinge, die darin herumstehen. Schreib alles auf, was du ohne waches Bewusstsein, sondern eher aus einem unbewussten Kaufrausch heraus gekauft hast. Lass dabei auch deinen Kleider- und Schuhschrank und die ganz kleinen Dinge nicht aus. Wie sieht es mit dem CD-Regal aus? Bücher, Computer, Videos, welche Teile benötigst du nicht wirklich, benutzt du womöglich gar nicht und willst du bei näherer Betrachtung gar nicht ernsthaft haben? Bezieh auch die größeren Anschaffungen ein – Gemälde, Möbel, Autos, Yachten, Ferienhäuser. Alles wird notiert.

Bleib dabei vor jedem Ding (oder auch vor einem Foto oder Symbol für eine überflüssige Reise oder Dienstleistung) stehen und spür in dich rein, welches *Gefühl* dir dieser Kauf gegeben hat!

Eigentlich wollen wir nämlich alle nur eins: uns glücklich fühlen. Und dafür dürfen wir uns lieben, auch wenn wir den Umweg über einen Kompensationskauf gegangen sind, von dem wir jetzt feststellen, dass er uns nicht wirklich das ersehnte Glück gebracht hat. Egal. Lass dich daher nicht beirren. Bleib vor dem Gegenstand stehen und betrachte das Gefühl, das du beim Kauf hattest. Und liebe dich *trotzdem*, egal wie albern dir das vorkommen mag, was du da entdeckst.

Und meine bloß nicht, du würdest mit derart seltsamen inneren Anwandlungen zum Außenseiter. Ach wo, wir wissen es doch längst, dass es in fast allen anderen grad genauso zugeht, auch wenn es keiner zugeben will!

Ich gesteh es freiwillig: Meine eigene Liste war seitenlang und als ich mich für alle diese Gefühle trotzdem geliebt habe, ging es mir richtig gut am Schluss. Ich hatte das Gefühl, jetzt kann ich einen großen Batzen davon loslassen.

Aber weiter im Text mit der Übung, und bleib gelassen. Es ist nur ein Spiel: Die ganzen Kompensationskäufe tragen also auf irgendeine

Weise dazu bei, dass wir uns für einen kurzen Moment befriedigt oder glücklich fühlen oder zumindest bilden wir uns das ein. Denn die Wirkung hält nämlich meist nur so lange an, bis wir fertig gekauft haben, und wenn wir zu Hause ankommen, ist der Großteil der Wirkung meist schon wieder verpufft. Oder wie bei dem Porschefahrer im ersten Kapitel: Nach drei Tagen war der Porsche auch nur noch ein Auto, das ihn von A nach B brachte.

Mit dieser Übung erforschen wir, welches das Hauptgefühl ist, das wir ganz persönlich ständig kaufen wollen. Es ist zwar bei jedem ähnlich, aber doch ganz individuell gefärbt. Und deshalb tritt bitte an dieser Stelle den Gang durch deine Wohnung an (oder hole ihn nach, sobald du wieder zu Hause bist, falls du gerade woanders bist). Bleib vor jedem Kaufrausch-Gegenstand stehen, notiere ihn und notiere daneben, welches Gefühl du beim Kauf damit verbunden hast.

Beispiele, was auf solchen Listen stehen könnte:

- Allerlei Buddha- und sonstige Figuren. Gefühl: Hoffnung auf magisch-energetische Hilfe durch Symbole. Einerseits nicht ganz unberechtigt. Schöne Symbole im Blickfeld im Wohnbereich können sicherlich auch das Unterbewusstsein erreichen. Mir deucht indessen, dass ich ein paar Symbole zu viel davon angehäuft habe. Das Einzelne geht visuell längst unter in der Menge.
- Teure Sammlerpuppen, wirklich schön, in hoher Qualität mit liebevoll gearbeiteten Details und ausdrucksvollen Gesichtern. Gefühl: Ersatz für Liebe, Geborgenheit, Nähe.
- Luxusstücke aller Art: Gefühl von Fülle, Sicherheit, Kraft. Oder: Freude an der Schönheit des Gegenstandes! Es geht bei dieser Selbstentdeckungsreise nicht um gut oder schlecht, sondern um die Selbstentdeckung an sich. Freude an Schönheit ist aber natürlich eine wesentlich höhere Qualität als beispielsweise die Befriedigung darüber, mithalten zu können. Sei einfach nur ehrlich mit dir selbst, es gibt keine Jury und niemand außer dir muss es je erfahren.

- Im Kleiderschrank kann man oft das Gefühl finden, besonders weiblich oder männlich und elegant zu sein. Es geht schlicht um Selbstbewusstsein.
- Viel zu viel von irgendetwas. Gefühl: Von Oma geerbte Nachkriegsangst vor Mangel. Das Gefühl, dringend Reserven zur Sicherheit zu brauchen, falls es diese Farben, diese Form, dieses Irgendwas irgendwann nicht mehr geben sollte.
- Viel zu viel Spielzeug für die Kinder. Gefühl: Angst vor schreienden, jammernden Kindern und vor Überforderung, wenn sie zu viel Aufmerksamkeit von dir wollen. Kommentar: Die Erfahrung lehrt, dass kurze Momente intensiver Aufmerksamkeit ihnen oft reichen, und dann sind sie schon wieder »Mama-oder-Papa-satt« und streben von allein zu neuen Ufern. Sprich, sie suchen sich von ganz alleine was anderes zum Spielen. Die Angst, dass ich 24 Stunden hinhalten müsste, ist meist unbegründet. Außerdem bekommt man in den »intensiven Minuten« eigentlich genau das, was man sich gewünscht hat, als man z.B. die Sammlerpuppen gekauft hat. Mögliches anderes Gefühl: Angst, die Kinder könnten nicht genug lernen. Also kauft man Lernspielzeug und Experimentierkästen. Oder: Du spielst selbst gerne mit den Sachen und kaufst alles, was du als Kind gerne gehabt hättest. Tipp: Bau einen Spielzeuglagerraum an und hol die Dinge zumindest nur einzeln hervor. Dann ist die Freude an ihnen wesentlich größer.

Ich denke, das reicht an Beispielen und du kannst losziehen, um deine eigenen Gefühle hinter den Kaufräuschen anzusehen. Also los. Aufstehen, Zettel holen und Notizen machen. Ich schreib nicht weiter, bis du fertig bist mit deiner ganz persönlichen Liste.

Was hast du gefunden? Gab es Gefühle, die du besonders häufig eingekauft hast, die überraschend oft aufgetaucht sind? Manche kaufen besonders häufig Liebe und Geborgenheit, andere überwiegend

Selbstwertgefühl oder manchmal auch – subtiler – das Gefühl mithalten zu können und wichtig zu sein. Beim Nicht-Kauf des letzten Modeschreis kommen Ängste hoch, »hinter dem Mond zu sein« oder nicht dazu zu gehören zu einer Gesellschaft, mit der man meistens vom Grunde seines Herzens eh nichts zu tun haben will. Wie sinnig, dafür Geld auszugeben! Letztlich sind dies Unterarten eines gekauften Selbstbewusstseins, aber eines, das sich direkt mit Nachbarn, Geschäftspartnern etc. vergleicht.

Aber auch Ablenkung, Verdrängung, Rache und viele interessante Gründe mehr lassen sich beim Blick hinter die eigenen Kulissen finden.

Ist es nicht irgendwie fast tröstlich zu wissen, dass ein großer Teil unseres Bruttosozialproduktes ohne solche Alltagsneurosen gar nicht existieren würde? Ich meine, wir brauchen wirklich keine Angst zu haben, dass wir ein exotisches Gefühlsleben hätten. Wir brauchen uns auch von niemandem einreden zu lassen, wir wären nicht normal, wenn wir solche Gefühle und Ängste in uns finden. Wir sind sogar sehr normal. Zu normal für meinen Geschmack. Wenn das die Norm ist, dann möchte ich doch lieber ein Stück von dieser Norm abrücken und etwas ver-rückter sein.

Was machen wir nun damit? Wir wissen jetzt also, welche Gefühle wir immer wieder einzukaufen suchen:

- Selbstwert
- Vertrauen, dass immer genug da ist
- Sicherheit
- Nähe, Geborgenheit
- Dazugehörigkeitsgefühle
- Anerkennung
- Erfolgsgefühle
- Stolz sein können auf etwas
- Gefühl von Lebendigkeit

Bei Nicht-Kauf können negative Gefühle auftauchen, wie Angst, langweilig zu sein oder hinterwäldlerisch, wenn man diesen oder jenen Trend nicht mitmacht:

- Angst vor Imageverlust etc.

Schreibe dir die wichtigsten Gefühle, die du herausgefunden hast, auf einen Zettel und häng ihn dir ans Bett oder leg ihn unter die Nachttischlampe, häng ihn an den großen Spiegel im Bad oder Ähnliches.

Such dir jeden Morgen eins der Gefühle aus und denk dir ganz bewusst etwas aus, wie du dieses Gefühl an diesem Tag immateriell befriedigen könntest.

Da es deine Gefühle und deine Ängste sind, würden die besten Übungen sicherlich dir selbst einfallen. Die Beispiele im Folgenden sind daher nur als Anreiz, Hilfe und Unterstützung gedacht, wenn es dir noch an Kreativität in diesem Bereich fehlen sollte.

Vereinbare eine Zeitspanne mit dir selbst, wie lange du diese tägliche Übung machen willst. Minimum: ein Monat!

Beispiele:

Du stehst Zähne putzend vor dem Spiegel und dein Blick fällt auf das Wort »*Sicherheit*«. Du wünschst dir das Gefühl von Sicherheit. Mach dir klar, dass es keine objektive Sicherheit gibt. Denn selbst wenn du Millionen angehäuft hast, die zunächst die Angst vor Armut etwas beruhigt haben mögen, dann hast du doch längst bemerkt, welche neuen Unsicherheiten ein großes Vermögen produzieren kann. Angst vor Einbrechern, Betrügern und Leuten, die es auf dein Vermögen abgesehen haben. Angst, die falschen Entscheidungen beim Anlegen und Verwalten deines Vermögens zu treffen etc.

Ich garantiere dir, wenn du innerlich Angst vor nicht genügend Sicherheit hast, dann fällt dir überall und in jeder Situation etwas ein, das unsicher ist. Da kannst du dann deine Ängste vor Unsicherheit auch austoben an der Frage, ob es deine Freunde ehrlich mit dir meinen oder nur an dir mitverdienen wollen. Vergiss also lieber die Idee von objektiver Sicherheit. Die gibt es nicht, brauchen wir nicht, wollen wir nicht. Wir wollen das Gefühl von Sicherheit und das können wir erzeugen. Und zwar ganz einfach. Noch beim Zähneputzen kannst du in dich hineinspüren, wie Sicherheit sich anfühlt.

Wie würdest du dich fühlen, wenn du die ganze Welt umbauen könntest und alles so wäre, wie du es gerne hättest? Wie wäre das Gefühl? Wo könntest du es spüren, wie drückt es sich aus?

Jeder trägt zumindest eine Idee oder eine Resterinnerung an solch ein Gefühl in sich. Guck dir diesen Rest genau an und versuche alle Details wahrzunehmen, wo und wie im Körper und in deiner Wahrnehmung sich dieses Gefühl ausdrückt. Indem du es beobachtest, bekommt es mit der Zeit mehr Kraft. Allein deine Absicht und gelenkte Aufmerksamkeit werden es wachsen lassen, auch wenn du am Anfang meinst, nichts oder fast nichts spüren zu können.

Als Übung für den Tag kannst du dir eine Situation ausdenken, die du heute als sicher empfindest, und mache es dir zur Aufgabe, dieses Gefühl von Sicherheit in diesem Moment bewusst zu genießen.

Vielleicht hast du auch ein sicheres Gefühl beim Kochen, beim Auto waschen (egal, wie lange du das schon nicht mehr gemacht hast, es könnte eine Möglichkeit sein), beim Briefe schreiben, beim Sortieren, Organisieren oder wobei auch immer. Es gibt sicherlich etwas, dass dir relativ sicher vorkommt. Vielleicht gibt es dir auch Sicherheit, eine bestimmt Person zu treffen und mit ihr zu sprechen. Indem du das Gefühl von Sicherheit bewusst wahrnimmst, wächst es.

Die morgendliche Rasur/das morgendliche Schminken oder Kämmen vor dem Spiegel und dein Blick fällt auf das Wort *»Geborgenheit«*.

Genau das gleiche Spiel: Zunächst beobachtest du das Gefühl von Geborgenheit in dir selbst. Gib dir keine Mühe, es auszudehnen oder wachsen zu lassen. Beobachte nur den Rest, der vorhanden ist. Wenn du das öfter tust, wächst er auf organische Weise von ganz alleine. Du brauchst weder dran zu ziehen noch zu zerren mit deiner Vorstellung. Beobachten, gucken, das war's.

Denk dir etwas aus, was dir an diesem Tag das Gefühl von Geborgenheit vermitteln könnte. Vielleicht ist es grad Winter und du fühlst dich immer so schön geborgen und kuschelig in deinem dicksten Wintermantel. Zieh ihn an, auch wenn es vielleicht ganz so kalt gar nicht ist. Zieh ihn an und nimm in vollen Zügen den Anteil von Geborgenheit dabei wahr.

Oder erinnert dich eine heißes Bad an geborgene Kindheitstage? Dann nimm nach der Arbeit eben ein heißes Bad. Dabei darfst du dann nur nicht über irgendwelchen Stress im Büro nachdenken, denn sonst ist das ganze Bad umsonst. Du liegst in der Badewanne und dekorierst alles um dich herum so, dass du dich besonders geborgen dabei fühlen und dieses Gefühl genießen kannst.

Welche Freunde vermitteln dir ein Gefühl von Geborgenheit? Triff einen davon. Und sei es nur auf einen Tee für eine halbe Stunde. Erlebe dabei bewusst das gewünschte Gefühl von Geborgenheit.

Genauso verfahr mit allen Gefühlen, die du hinter den Kaufgegenständen entdeckt hast:

- ☆ Gefühl in dir selbst suchen und beobachten
- ☆ Bewusst dieses Gefühl an etwas Vorhandenem erleben.

Ach ja: Es darf natürlich auch 2 oder 3 Tage lang dasselbe Gefühl dran sein. Das entscheidest du jeden Tag neu, mit welchem Gefühl du heute in Achtsamkeit umgehst.

Übung 4: Die kreative Pause

Du bist ein freier Mensch, du besitzt innere Klarheit und Wachheit. Wärst du sonst so vermögend? Nein, vermutlich nicht. Warum nicht ein weiteres Experiment mit dir selbst machen? Ein Überlebenstraining ist sicherlich für jeden ein interessantes Erlebnis. Aber wenn dir das gerade zu viel ist, mach doch einfach nur einen Monat lang Pause von jeglichen Einkäufen. Kaufe einen Monat lang privat gar nichts ein. Ganz Verwegene dehnen das Experiment auch aufs Geschäft aus. Nun haben wir also einen Monat lang Zeit, die gähnende Shopping-Leere mit etwas anderem zu füllen. Und ich dachte dabei nicht an Fernsehgucken.

Wie wäre es stattdessen mit ausgiebigen Freundesbesuchen und Einladungen? Nur wer auch noch kommt, wenn es nur Brot und Wasser gibt, ist ein echter Freund! ☺

Unlängst las ich zwei sehr schöne Sprüche in einem Poesiealbum:

> *»Wirklich gute Freunde sind Menschen, die uns genau kennen und trotzdem zu uns halten.«*
>
> Marie von Ebner-Eschenbach

> *»Daran erkenn ich den Freund, dass er mich oder sich nicht unterhalten, sondern bloß dasitzen will.«*
>
> Jean Paul

Marie von Ebner-Eschenbach lebte von 1830 bis 1916 und Jean Paul gar noch früher, nämlich 1763 bis 1825. Solche Zitate von klugen Menschen dürften heutzutage eher selten sein. Warum? Weil die beiden Zitate Gefühle ansprechen, die bei uns mehr und mehr in Vergessenheit geraten sind. Unser überwiegend stressiger und schneller Lebensstil (immer oben auf der Welle sein wollen, wie schon erwähnt) vermittelt uns das Gefühl, Zeit zu vergeuden, wenn wir bloß dasitzen und mit einem Freund zusammen die Seele baumeln lassen. Wenigstens muss man doch reden und Informationen austauschen oder sich gut unterhalten. Alles andere scheint Zeitverschwendung zu sein.

Ich gestehe es frank und frei, ich liebe auch das Schnelle, die Informationsfülle und die Vielfalt, allererste Sahne. Aber die Sprüche aus dem Poesiealbum wecken schon Sehnsüchte, auch Folgendes in den Alltag mit einzuflechten:

- ☆ Einige Momente oder gar Stunden gemeinsam dasitzen und einfach Sein.
- ☆ Sinn- und zweckfrei etwas tun, entdecken, werkeln, wurschteln oder mit Kindern oder Haustieren in der Erde buddeln ohne jedes Ziel
- ☆ Die Seele baumeln lassen.

Hurra! Wir haben jetzt, hier und ab heute einen ganzen Monat lang Zeit, genau diese Qualitäten in unserem Leben auszudehnen. Finde beispielsweise Ex-Kaufrausch-Gefährten für diese Übung und genießt einfach zusammen den Moment. Es ist erlaubt, dabei spazieren zu gehen und die Natur zu genießen. An einem schönen Ort im Freien baumelt sich's am besten mit der Seele.

Jeder Moment, in dem du Unruhe spürst oder das Gefühl hast »Jetzt müsste ich doch etwas kaufen gehen!«, ist ein guter Moment, um in sich hineinzuspüren, mit welcher positiven, echten Qualität sich diese Leere viel besser ausfüllen ließe als mit einem Shopping, einem Besuch im Café oder einer Bar.

Fülle die Leere mit Qualität. Das schaffst du, denn wenn *du* keine innere Disziplin hast, wer dann?

Nach dem Entziehungsmonat darfst du wieder normal einkaufen gehen und du wirst sehen, dass es dir viel leichter fällt, deine Einkäufe aus einer inneren Distanz zu betrachten und ganz gelassen zu entscheiden, was du wirklich willst und was nur ein Frust-und-Ballastanhäuf-Kauf wäre.

Aber Vorsicht, werde nicht geizig dabei, denn sonst lauert die Geizfalle auf dich. Geiz erzeugt Mangelmuster. So ein Muster führt ruckizucki dazu, dass du sonderbarerweise immer weniger Geld hast. Dann kannst du es auch gleich weiter ausgeben, bevor es dir vom vermeintlichen Schicksal aus den Händen genommen wird. Das ist dann aber nicht das Schicksal, sondern das neue Muster, das du in dir verankert hast. Und den Kaufrausch durch Geldknappheit zu ersetzen, macht ja nun wirklich keinen Spaß.

Das ist so, als würdest du ein Problem durch ein größeres ersetzen. Du hörst auf zu rauchen, aber besäufst dich dafür täglich sinnlos. Dann wärst du vielleicht sogar besser beim Rauchen geblieben. Kaufräusche durch verbissenen Geiz und Mangelgefühle zu ersetzen verschlechtert die Lage eher, als dass es sie verbessert. Geld möchte schon im Fluss bleiben und es möchte auch bei dir fließen können.

Wichtig daher: Wie auch immer du deinen Kaufrausch angehst, ersetze ihn durch etwas für dich Positives:

- ☆ Durch Spenden oder soziale Aktivitäten: Halte persönlichen Kontakt zur Empfängerorganisation und erfreue dich am Guten, das dein Geld bewirkt (wie im Beispiel von Oprah Winfrey).
- ☆ Mach dir eine Herzensliste oder eine Collage mit den Dingen, an denen du wirkliche Freude hast. Führe alles aus allen Bereichen auf, was dich freut: Freunde, Tanzen, Singen, Natur, Sport, Wellness, Fortbildung etc. Nimm dir die Zeit, Dinge auszusuchen, die wirklich deine Lebensqualität verbessern. Schreib sie alle auf oder stelle alle in einer Zeichnung oder einer Collage dar. Häng sie dir im Schlafzimmer auf und stelle sicher, diesen Bereichen ausreichend Zeit in deinem Leben zu geben!

- ☆ Wahrer Luxus ist, ganz man selbst sein zu können.
- ☆ Wahrer Luxus ist, angstfrei authentisch sein zu können.
- ☆ Wahrer Luxus ist, sich frei und geborgen im Leben zu fühlen.
- ☆ Wahrer Luxus ist die Fähigkeit, Freude und Verbundenheit zu empfinden und zu genießen.
- ☆ Wahrer Luxus ist, Dinge aus tief empfundener Freude und mit Dankbarkeit zu kaufen und aus keinem anderen Grund.

Anhang

Die nächsten Schritte, Tipps und Kontaktadressen

Innerlich zur Ruhe kommen

Seit Hape Kerkelings Buch »Ich bin dann mal weg« sind auch viele Millionäre auf dem Jakobsweg. Jeder zweite Probeleser aus der Zielgruppe dieses Buches kam grad von dort oder war gerade dorthin unterwegs, als ich mit ihm oder ihr telefonierte. Natur, innere Stille und mal ganz sich selbst erleben bei mäßiger sportlicher Betätigung sind auch sicherlich sehr hilfreich auf der Reise zu mehr innerem Reichtum.

Wenn man der Presse glauben darf, dann war auch Paris Hilton nach ihrem Gefängnisaufenthalt viel dankbarer für ihr Kopfkissen als je zuvor. Einige Wochen ein schlichtes Leben zu führen, bringt uns auf jeden Fall den eigenen Wurzeln wieder näher und stärkt die Wertschätzung für das, was man hat. Ob es dann um die Welt radeln, wandern, ein spirituelles Retreat, ein Visionssuchecamp in der Natur, meditieren im Kloster oder sonst etwas Schlichtes ist, ist ja egal.

Singen ist auch immer gut, es balanciert die Psyche sehr stark. In indischen Ashrams wird stundenlang am Tag gesungen. Aber es gibt auch hierzulande Möglichkeiten, zum Gesangsworkshop zu gehen.

Ein paar konkrete Tipps und Kontaktadressen zu allen theoretischen Anregungen gibt es auf meiner Homepage **www.baerbelmohr.de.** Dort unter »Bücher«, dann runterscrollen zu diesem Buch, dort findest du den Link: »Tipps rund um den Einkaufsratgeber für Millionäre«.

Selbsterforschung

Egal ob du Wander-, Sing- oder Meditierurlaub machst oder noch nach wie vor 15 Stunden am Tag im Büro sitzen bleibst, kannst du dir währenddessen zur Steigerung des inneren Reichtums einige nützliche Fragen stellen. Nachfolgend einige Tipps von Benno Scheyer, den du schon aus einem der Interviews kennst:

- ☆ Was mache ich hier eigentlich den ganzen Tag? Versuch dabei, den Posten des inneren Beobachters einzunehmen, stoppe die Identifikation mit deinem Tun und frage dich bei allem, was du tust:
- ☆ Warum, weshalb, wozu, wohin?
- ☆ Was kompensiere ich eventuell mit meinem Tun?
- ☆ Entspricht das, was ich da tue, meinen wirklichen Herzenswünschen?
- ☆ Ist es das, was ich wirklich tun möchte?

Wenn man sich diese Fragen oft genug und regelmäßig selbst stellt, ergibt sich meist von ganz alleine eine neue Lebensgestaltung zu Gunsten von mehr innerem Reichtum. Dabei muss man keine Hauruck-Entscheidungen fällen, sondern kann sein Leben langsam transformieren, loslassen lernen und neue Qualitäten integrieren.

Ganz wichtig dabei die Tipps von Harald Wessbecher und von Giovanni Curto (auch aus dem Interview):

Frage dich bei der Neugestaltung deines Lebens:

- ☆ Welche Menschen und welche Tätigkeiten *bringen* mir Energie? – und welche rauben mir Energie? Wovon sollte ich mehr tun, was sollte ich öfter bleiben lassen?

Der Wegweiser des Herzens ist der Wegweiser des Wohlfühlgefühls. Damit ist natürlich nicht gemeint, den Haushalt oder die Steuerklärung vergammeln und liegen zu lassen, weil man das zu anstrengend findet und lieber in der Sonne döst. Das ist nicht das Herz, das da spricht, sondern der innere Schweinehund, das ist ja klar. Damit ist vielmehr gemeint, neu darüber nachzudenken, was wirklich notwendig ist, und das Leben zu vereinfachen, damit man mehr Zeit hat, die eigenen Herzenswünsche zu erforschen.

Erinnere dich an die Übung mit der 30-Punkte-Liste und schreibe 30 Dinge auf, die du gerne tust! Integriere mehr davon in dein Leben und frage dich weiter:

Warum tue ich es wirklich? Bringt es mir Energie? Wie fühle ich mich damit?

Erlaube ich mir auch öfter mal, einfach nur die Seele baumeln zu lassen und kann ich das überhaupt noch?

Wenn nein, spiel mit kleinen Kindern. Die können es!

Qualifizierte Berater für mehr inneren Reichtum

Qualifiziert in deinem Fall sind natürlich besonders andere Millionäre, die ebenfalls auf Entdeckungsreise zum inneren Reichtum unterwegs oder dort bereits angekommen sind. Einige Adressen und Kontaktdaten findest du auf meiner Website. Auch die der Herren aus den Interviews. Von der bisher einzigen interviewten Dame, Louise Hay, gibt es sehr viele Bücher und auch Hör-CDs zu allen möglichen Themen. Sie ist eine sehr charismatische Sprecherin und mit ihren 80 Jahren noch sehr fit und sehr klar in allem, was sie tut und sagt. Du findest sie in jeder Internetbuchhandlung oder auf der Website ihres Verlages Hay House Publishing.

Und noch ein letzter Tipp einer Probeleserin

Wenn ich mir überlege, wann im Leben ich wirklich glücklich war und an welche Momente ich mich besonders gerne zurückerinnere, dann waren es immer irgendwelche zwischenmenschlichen

Erlebnisse, besonders schöne Stunden mit Freunden und Familie oder Ähnliches. Die besten Momente meines Lebens hatten nie etwas mit Geld, Einkaufen oder äußerer Fülle zu tun. Sondern immer nur mit einem innerlich erfüllten Gefühl, eben mit innerer Fülle.

In diesem Sinne
wünsche ich allen Leserinnen und Lesern
allzeit viiiiiiiiiel innere Fülle!
Bärbel Mohr

Website

Meine Homepage ist www.baerbelmohr.de
Alle Zusatzinfos, Adressen, Fotos von Thomaz Green Morton findest du entweder unter »Wunschprojekte« oder unter »Bücher von Bärbel« direkt bei der Beschreibung zu diesem Buch.

Meine und auch Dieters Seminare finden sich auf
www.bmakademie.de

Bärbels Wunschprojekte

Was hast du noch für Wunschprojekte? Projekte, an denen du so richtig Freude hast? Ich habe meine Wunschprojekte ebenfalls auf meiner Homepage zusammengefasst, falls wer Ideen und Anregungen sucht.

Buchtipps findest du unter Tipps ebenfalls auf meiner Homepage.

Wer ist Bärbel Mohr?

1999 erschien ihr erstes und bislang erfolgreichstes Buch »Bestellungen beim Universum« (BbU). Über eine Million Bücher sind seitdem alleine zum Bestell-Thema von ihr verkauft worden. Insgesamt gibt es bisher ca. 20 Bücher zu verschiedenen Themen von ihr.

BbU wurde bis zum heutigen Tage in 14 Sprachen übersetzt. Seit im April 2006 einer der erfolgreichsten englischen TV-Moderatoren, Noel Edmonds, in einer Talkshow sagte, er habe sich sein TV-Comeback, seine neue Lebensgefährtin und sein neues Haus nach dem Buch von Bärbel Mohr beim Universum bestellt (in Englisch: The Cosmic Ordering Service), boomt die Nachfrage auch in England.

Bärbel Mohr
Sex wie auf Wolke 7

Eine Gebrauchsanweisung
gebunden, 128 Seiten
€ 9,95
ISBN 978-3-86728-007-5

Dieses Buch gibt dem Sex die Liebe wieder! In ihrem neuen, sehr persönlich geschriebenen Buch »Sex wie auf Wolke 7« beschreibt Bärbel Mohr eine neue Art von Sex-Erlebnis. Gerade Männern und Frauen in langen Partnerschaften und Ehen fehlt oft das Neue in ihrem Sexleben. Durch den hier beschriebenen »Null-Runden-Wolke-7-Sex« kann man Abhilfe schaffen. Das Buch bietet nicht nur die Chance auf ein neues Sex-Gefühl, sondern auch Anleitungen und Erfahrungsberichte von Paaren, die diese Art von Sex bereits ausprobiert haben. Ein Muss für alle Paare, die Freude an Sex haben und offen für Neues sind.

Bärbel und Manfred Mohr
Fühle mit dem
Herzen
und du wirst
deinem Leben begegnen
KOHA